Claudia von Werlhof

Der unerkannte Kern der Krise

Die Moderne als Er-Schöpfung der Welt

Zur Alchemie des Patriarchats

EDITION
Mündliche
Überlieferungen

arun

mok-
sha
mus-
ic

Prof. Dr. Claudia von Werlhof (1943 bei Berlin), Dipl.Volksw. 1968 und Dr.rer.pol. Soziologie 1974, Köln, Habil. Pol.wiss. 1984, Frankfurt. Jahrelange Forschungsaufenthalte in Lateinamerika. 1975-1986 Wiss. Ass., Fakultät f. Soziologie, Univ. Bielefeld, 1988-2011 (Emeritierung) Professorin für Frauenforschung am Institut für Politikwissenschaft, Univ. Innsbruck.

Arbeitsgebiete: Frauenarbeit, Gewalt gegen Frauen, bäuerliche Arbeit und Agrarsektor, Kolonialismus, erweiterter Kapitalismusbegriff, Theorie und Methode der „Frauenforschung", Globalisierung, Ökofeminismus, Naturverhältnis- und Technikkritik; „Bielefelder Ansatz" und Entwicklung des Paradigmas der „Kritischen Patriarchatstheorie". Zahlreiche Publikationen.

Alleinerziehende Mutter eines Sohnes (1982).

Letzte Gründungen: FIPAZ (Forschungsinstitut für Patriarchatskritik und Alternative Zivilisationen), www.fipaz.at, 2007 und „Planetare Bewegung für Mutter Erde", PBME, 2010, www.pbme-online.org, Innsbruck.

Copyright © 2012 by mokshamusic, Lizenz für diese Ausgabe by Arun-Verlag.
Arun-Verlag, Engerda 28, D-07407 Uhlstädt-Kirchhasel,
Tel.: 036743-23311, Fax: 036743-23317
info-@arun-verlag.de, www.arun-verlag.de
Inhalt und Text im Buch: Claudia von Werlhof.
Inhalt und verbindender Text im Hörbuch: Bernd Bechtloff.
Gesprochen von Claudia von Werlhof.
Zusätzliche SprecherInnen: Julia Strauhal, Andrea Maurer, Barbara Schwiglhofer, Martina Althuber, Nicolas Dabelstein, Bernd Bechtloff.
Aufgenommen von Bernd Bechtloff in Wohnzimmern, Bibliotheken, Büroräumen, Radio-Sprecherstudios und Dachbodenkammern in Innsbruck, Graz, Salzburg und Sankt Veit an der Glan zwischen März und Juli 2012.
Musik, Schnitt, Produktion und Regie: Bernd Bechtloff.
Abgemischt von Peter Prammerdorfer und Bernd Bechtloff im Southendmusic Studio, St.Veit/Glan, Kärnten, Österreich, www.southendmusic.com.
Gemastert von Peter Prammerdorfer.
Musik: Bernd Bechtloff (Trommeln, Perkussion, Hang, Melodica, Apps, Gesang), Franziska Fleischanderl (Hackbrett), Johanna Mattitsch (Gesang), Peter Prammerdorfer (Bass).
Umschlagmotiv: © DWerner / photocase.com.
Buchgestaltung: Arun-Verlag.
Eine mokshamusic Produktion 2012, MoMu009, www.mokshamusic.at.
Gesamtherstellung: GGP Media GmbH, Pößneck.

ISBN 978-3-86663-085-7

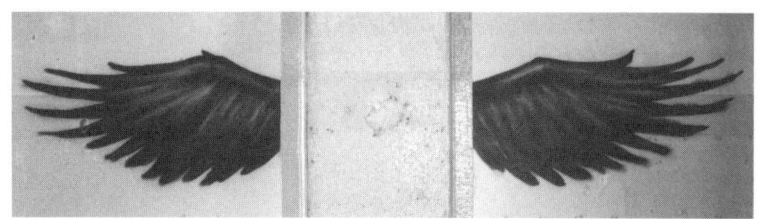

Inhalt

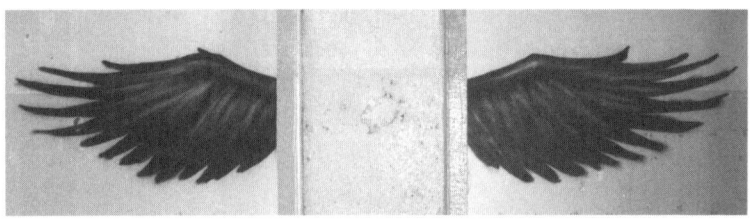

Vorwort

Vom Fremd-Sein und Erinnern

In den letzten Jahren las ich viel über die philosophisch-weltanschaulichen Auswirkungen diverser Quantentheorien, über integrales Bewusstsein, morphogenetische Felder, 2012, betrieb viel private Feldforschung und publizierte die Essenz aus all dem in der „Glücksessenz" (ARUN Verlag, 2011) – zwei Hörbüchern kombiniert aus Interviews, gelesenen Texten aus meiner Feder und selbstgemachter Musik.

Außerdem gründete ich mein eigenes Musik- und Hörbuch-Label und fand mich in der neuen Rolle des Produzenten ein.

Im Zuge dieser Dynamik hörte ich bereits zum zweiten Mal im österreichischen Kultur-Radio-Sender Ö1 eine gewisse Claudia von Werlhof sprechen. Der Zorn in ihrer Stimme lies mich aufhorchen. Was sie zu sagen hatte, war mir seltsam vertraut und triggerte mein ureigenes Unbehagen, das mich in steter Opposition zum Mainstream der Gesellschaft (den es genau genommen allerdings gar nicht gibt) leben lässt. Ich schrieb ihr, dass meiner Meinung nach das Medium Hörbuch optimal für ihre Botschaft geeignet sei, und sie fand das sofort eine gute Idee.

Gesagt – getan.

So machte ich mich – ausgerüstet mit Mikrofon und Aufnahmegerät – auf den Weg nach Innsbruck, ohne auch nur ein Wort des Werlhofschen Werkes gelesen zu haben, und das nachdem sie mir u.a. geschrieben hatte: „Wer soll denn dieses Interview führen? Sie etwa?!"

Es wurden mehrere Treffen, und die Wucht ihrer Ausführungen hat mich während der Arbeit an diesem Hörbuch mehr als einmal umgeworfen.

Ich begann alles, was ich sah, las oder hörte, aus den Patriarchats-kritischen Augen (oder Ohren) der Claudia von Werlhof zu sehen (oder zu hören). Ihr Ansatz ist fundamental. Er dreht die Vorzeichen um; bzw. stellt eine Weltsicht, die vorher auf dem Kopf gestellt war, wieder auf die Füße. Aber die Wirkung geht noch viel tiefer.

Ich empfand mich immer schon als Fremder innerhalb der eigenen Kultur. So ungefähr seit meinem 12. Lebensjahr. Ein höchst verstörendes Gefühl, in einer verrohten Welt zu leben, die jede Achtung vor dem Lebendigen vermissen lässt. Mit 28 begriff ich mich als „wieder erinnerter Kelte", als dem letzten europäischen naturnahen Volk zugehörig. Ich fühle immer noch den Schmerz der Zerstörung unserer Verbundenheit durch das Christentum.

Claudia von Werlhof hat all diesen diffusen Empfindungen klaren Ausdruck gegeben. Dafür bin ich ihr sehr dankbar. Natürlich bin auch ich patriarchal geprägt, aber dieses tiefe Unbehagen mit der westlichen Kultur, in die ich hineingeboren wurde, und die so hirnlos und brutal mit Tier und Mensch, Land, Luft und Wasser umgeht, dass ich mich abwechselnd schäme, trauere oder in Zorn erglühe, das stammt aus der sehr viel älteren matriarchalen Prägung, aus den zig- tausend Jahren, die wir als naturnahe Völker überall auf diesem Planeten lebten.

Natürlich ist das alles nichts Neues, im Gegenteil – die Mahnungen, wieder mit der Erde zu kommunizieren sind so alt, wie die Bestrebungen, sich über sie hinwegzusetzen.

Ich fühle mich jedenfalls außerordentlich bereichert durch dieses Projekt und auch herausgefordert.

Ich hoffe, dass es mir gelungen ist, die oft erschütternden Aussagen in sinnliche Gewänder zu kleiden und durch die Art der Musik, das gesprochene Wort, die Textkomposition, erst so richtig mit dem Emotionalen zu verbinden, denn hier liegt ja der schöne Unterschied zwischen dem geschriebenen und dem gesprochenen Wort – sofern es sich nicht um Poesie handelt.

Die alten matriarchalen Gesellschaften hatten eine sehr ausgeprägte Kultur der mündlichen Überlieferung. Daher freut es mich sehr, mit dem vorliegenden Hörbuch eine Serie der „Edition mündliche Überlieferungen" zu beginnen.

Ich danke Stefan Ulbrich und Dirk Grosser vom Arun Verlag für ihr Vertrauen, ihren verlegerischen Mut und für die humorvolle und begeisterte Zusammenarbeit.

Ich danke meinem Freund und Grafiker Michael Fürnsinn für seine Unterstützung.

Ich danke meiner Frau Johanna für ihr Verständnis, mich wochenlang am Computer an Sprach- und Musik-Files herumschnipseln zu lassen, und für ihre schönen Gesangsbeiträge.

Ich danke Franziska Fleischanderl und Peter Prammerdorfer sowie den fünf SprecherInnen, die die begleitenden Texte so engagiert gelesen haben.

Und ich danke natürlich Claudia von Werlhof für ihre Offenheit und Freude an diesem Projekt und für ihre gnadenlose Direktheit, die selbst mich einige Male brüskiert hat, mich jedoch auch anstachelte, noch mehr in die Materie einzutauchen und mir selbige Direktheit ebenso zu eigen zu machen. Danke, das hat gut getan!

Nun wünsche ich Ihnen und Euch verehrte HörerInnen ... nun ja ... viel Vergnügen ist wohl etwas unpassend ... eine gute Erinnerung!

Und einen nachhaltigen Hörgenuss!

Bernd Bechtloff, 2012

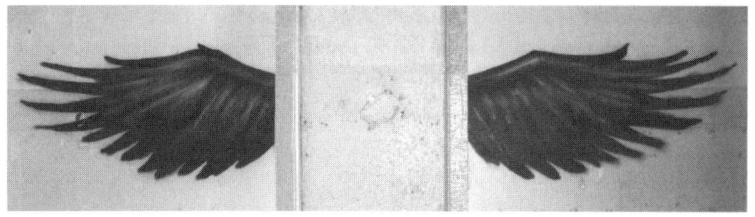

Zu einem Verständnis der Krise
als dem Scheitern der Moderne

Wie bin ich als Wissenschaftlerin zu meiner These über die Moderne als „Er-Schöpfung" der Welt, das dadurch bedingte Scheitern dieses globalen Projekts und den Grund dafür, nämlich eine von mir sogenannte „Alchemie des Patriarchats" gekommen?

Der Weg dahin verlief über das, was wir in den 70er Jahren des letzten Jahrhunderts „Frauenforschung" genannt haben. Diese war im Rahmen der neuen Frauenbewegung der späten 1960er Jahre entstanden und hatte bei ihrem Eintreten in die akademische Welt eine scharfe und grundsätzliche Wissenschaftskritik zur Folge, die an Radikalität nichts zu wünschen übrig ließ[1]. Die Frauenforschung offenbarte den zutiefst patriarchalen Charakter der modernen Wissenschaft, also ihre frauen- und generell natur- sowie gleichermaßen lebensfeindliche Grundhaltung und Methode, die doch den Kerkern einer 600jährigen europäischen Inquisition entstiegen ist!

Als nach den Erfolgen der internationalen Frauenforschungs-Bewegung, die überall und in allen Wissenschaftsdisziplinen höchst brisante neue Erkenntnisse hervorbrachte, in den 1980er Jahren in Deutschland die ersten offiziellen Frauenforschungs-Professuren besetzt wurden, stand die Frage im Raum, wie die normale, patriarchale Wissenschaft damit umgehen würde. Ich kann aus meiner eigenen Erfahrung sagen: „logischerweise" gar nicht gut! Das habe ich zunächst an der Universität Bielefeld erlebt, wo ich seit Mitte der 1970er Jahre mit dem Schwerpunkt „Frauen und 3. Welt" wissenschaftliche Assistentin im Bereich der Lateinamerikaforschung, Fakultät für Soziologie, war, und wo es 1986 darum ging, die Institutionalisierung der Frauenforschung im Wege der Besetzung der 1. Professur gleich mit ihrem Verbot zu verknüpfen[2]!

Das Ergebnis war im Grunde die Abschaffung dessen, was bis dahin die Frauenforschung gewesen und geworden war, und ihre Ersetzung durch das, was heute die sogenannten Gender-Studies sind – nämlich ihr Gegenteil! Denn der insbesondere in den USA propagierte „Gender"-Ansatz war, wie wir im Nachhinein feststellen mussten, u.a. entstanden, um die neuen Erkenntnisse und die unerhörte Brisanz der Frauenforschung durch ihre Verdrängung, ja Leugnung, wieder rückgängig zu machen und die Frauenfrage erneut zu entpolitisieren, ja auch erkenntnistheoretisch wieder unkenntlich zu machen[3]!

Das war also des Rätsels Lösung, wie die patriarchale Normalwissenschaft mit der Frauenforschung umgehen würde.

Wie das aussah, habe ich dann nach Antritt der 1. offiziellen österreichischen Frauenforschungs-Professur erlebt, die ich wider Erwarten aller Beteiligten 1988 bekam[4]. Da wurden mir gleich erst einmal die Mitarbeiterinnen, später auch noch die Sekretärin weggenommen und immer wieder der Zugang zu Forschungsmitteln sowie den Medien versperrt, wo immer möglich. Außerdem wurden jahrelang massive persönliche Diffamierungen und Mobbings aller Art gegen mich inszeniert. Das änderte sich im Prinzip bis zu meiner Emeritierung 2011 nicht, ja, es gab dabei noch 2010 einen neuen Höhepunkt, als sich die Themenstellung um die von mir auch öffentlich vertretene Einbeziehung der militärischen Bedrohung von „Mutter Erde" selbst erweiterte[5].

Ich habe mich von den Aktivitäten gegen mich auf meinem Weg aber nie beirren lassen. Denn ich wusste, wo es für mich lang ging. Die Bemühungen um ein anderes Verständnis der modernen Zivilisation aus der Perspektive des Geschlechter-Verhältnisses und im Sinne einer neuen Art von Interdisziplinarität gingen also weiter.

In der Frauenforschung hatten wir anfangs mit den Gründen für die überall und mitten in der „Demokratie" zu beobachtende Gewalt gegen Frauen und die „Hausfrauisierung" – u.a. die Unbezahltheit – ihrer Arbeit bei gleichzeitiger „Proletarisierung" – Etablierung der sog. Normallohnarbeit – der Männerarbeit in der Neuzeit begonnen[6].

Dabei kümmerten wir uns auch schon um das – dem modernen Geschlechterverhältnis strukturell ähnliche – Verhältnis zwischen Zentrum und Peripherie, das mit der Kolonialzeit begann, und entwickelten einen um diesen Bereich erweiterten Begriff des Kapitalismus, also der modernen Ökonomie, und des ihr entsprechenden internationalen politischen Systems als patriarchalem[7]. Es entstand der Begriff des „kapitalistischen Patriarchats" als „modernem Weltsystem"[8], das den „Sozialismus" inkludiert.

Daneben wurden die Einbeziehung des neuzeitlichen Verhältnisses zur Natur und die daraus resultierende Beschäftigung mit der Ökologiefrage immer wichtiger[9], zumal auffiel, wie sehr der Umgang mit Frauen und derjenige mit der Natur sich historisch und aktuell glichen.

Dies führte zur Kritik der modernen Technik in Gestalt der die Natur (und die Frauen) progressiv zerstörenden „Maschinisierung"[10], dem Kern des sog. „Fortschritts". Der GAU von Tschernobyl bekam vor diesem Hintergrund eine besondere Bedeutung[11], und von da an machte ich mich auf die Suche nach einer Art Technikgeschichte des Patriarchats.

Daraus entstand schließlich die These von der Bedeutung der sog. „Alchemie", einer ersten, gewissermaßen „interdisziplinären" Wissenschaft und Praxis, ihrer „Patriarchalisierung" seit den Anfängen des Patriarchats, nachweislich seit der Antike, ihrem Import ins spätmittelalterlich-frühneuzeitliche Europa und ihrer überraschenderweise globalen Durchsetzung in der Moderne, einem aus dieser völlig neuen Perspektive „Alchemistischen System"[12].

Diese These ist noch in der historischen und interdisziplinären Ausarbeitung, erwies sich aber schon jetzt als geeignete Grundlage der inzwischen entstehenden „Kritischen Patriarchats-Theorie", um die es in diesem Hörbuch geht. Und 2010 war, wie gesagt, noch das Thema neuer, bisher geheimgehaltener, atomarer und postatomarer Militärtechnologien im Umwelt- und Katastrophenbereich hinzugekommen[13], das als modernste Form einer „Militär-Alchemie" interpretiert werden konnte, die sogar planetar wirksam zu werden begonnen hat (Projektgruppe 2011). Das war bisher unvorstellbar gewesen.

In dieser Frage wären wir jedoch ohne einige engagierte Naturwissenschaftler-Innen, die hier – im Gegensatz zur Normalwissenschaft, welche erneut auf jede nur erdenkliche Bremse trat – auch ein Problem sahen, wie Dr. Rosalie Bertell aus den USA, nicht viel weiter gekommen. Aber das Thema betrifft schon seit Jahrzehnten alle Menschen auf der ganzen Welt, ohne dass sie es wissen, und es ist höchste Zeit, sich seiner anzunehmen (www.pbme-online.org). Denn unsere „Mutter Erde", der Planet, wird inzwischen „langsam zu einem Wrack gemacht", wie die im Juni 2012 leider verstorbene Rosalie Bertell es nannte[14].

Jetzt trägt dieses Thema dazu bei, den vorläufigen Gipfel unserer theoretischen Bemühungen zu definieren – nämlich die Ausarbeitung eines wirklich umfassenden, neuen interdisziplinären Paradigmas, auf das meine gesamte wissenschaftliche und forscherische Tätigkeit am Ende hinausläuft: die Formulierung der *„Kritischen Patriarchats-Theorie"*.

In den Grundlagen habe ich damit mein persönliches Ziel als Wissenschaftlerin, Denkerin und Frau trotz aller Behinderungen erreicht: Die Ausarbeitung der Grundzüge nicht nur einer feministischen Gesellschaftstheorie, wie es mir noch in Bielefeld vorschwebte, sondern sogar die einer auch die Natur, ja die ganze Erde mit umfassenden neuen „Großen Theorie", die dennoch die Mikrobereiche – „wie oben so unten", bzw. wie unten so oben – mit einschließt.

Das klingt merkwürdig in einer Zeit, die – aus durchsichtigen Gründen – genau das Gegenteil anstrebt, nämlich die scheinbar zusammenhangslose Zersplitterung in Einzelwissenschaften und die Verhinderung eines Verständnisses des „Ganzen". Dieses wird dabei allerdings als nicht weiter zu hinterfragendes quasi „Natur"-Geschehen vorausgesetzt, das als ständiger „Fortschritt", ja „Evolution" zum überall angeblich Höheren und Besseren menschlicher Zivilisation erscheint. Fortschritt und Evolution im gemeinten Sinne sind aus meiner Sicht jedoch gerade nicht irgendeiner Natur zuzuschreiben, auch nicht der menschlichen, sondern der neuzeitlichen Naturwissenschaft – und der rasant sich vollendenden Ver-Naturwissenschaftlichung aller anderen wissenschaftlichen Disziplinen.

So ist die moderne Naturwissenschaft selbst *das* wissenschaftliche Paradigma der Moderne und ihre „Große Theorie". Das wird aber inzwischen für so selbstverständlich, „natürlich" und alternativlos gehalten, dass es kaum eine Diskussion über diesen Hintergrund der Einzeldisziplinen und ihre Entwicklung (mehr) gibt! Dabei ist diese Wissenschaft buchstäblich das Gegenteil von dem, was sie von sich behauptet, nämlich gerade nicht eine, die eine bessere, neue, paradiesische Natur auf Erden schafft, sondern *alchemistische* Anti-Natur-Wissenschaft!

Das ist der unerkannte Kern der Krise.

Denn die moderne Wissenschaft richtet sich gegen die Natur wie noch nie eine Wissenschaft vor ihr, um sie, methodisch ganz und gar alchemistisch, zu „transformieren" und dabei buchstäblich zu zerstören oder aber zu „ersetzen": durch eine angeblich „bessere, „höhere", „edlere", „2.", Natur: in Gestalt von Ware, Geld, Maschinerie, Hierarchie – Kapital.

Diese Wissenschaft steht hinter all dem, was heute vor sich geht, und legitimiert es im Einzelnen wie im Ganzen in jeder Hinsicht. Da kann es noch so viel Krieg, Gewalt, Plünderung, Ausbeutung und Zerstörung geben – sie alle dienen letztlich demselben angeblich guten Zweck, für den eben auch Opfer gebracht werden müssten...

Für uns dagegen ist diese Moderne die *„Er-Schöpfung"* der *Welt*, ihre patriarchal-männliche „alchemistische" Neu-Er-Schaffung ebenso wie ihre Erschöpfung im Sinne ihrer Extraktion, ihrer Ausschürfung und Ausblutung. Die Moderne ist damit prinzipiell am Ende. Sie ist gescheitert. Warum das so ist, und wie es dazu kommen konnte, das erklärt die „Alchemie-These" der Kritischen Patriarchats-Theorie (s.u.).

So ist nach dem sogenannten „Bielefelder Ansatz" eine Art „Innsbrucker Ansatz" entstanden, der in zweieinhalb Jahrzehnten seit Ende der 1980er Jahre entwickelt wurde, selbst wenn natürlich die Wissenschaftsgemeinde diese Bemühung – wenn überhaupt – erst posthum bemerken und auch nur dann als etwas Positives erkennen wird, wenn einmal post-patriarchale Zustände Platz gegriffen haben sollten...

So wollte ich zunächst unbedingt wissen, was die Welt im Innersten zusammenhält. Stattdessen habe ich nun herausfinden müssen, was die Welt im Innersten auseinanderreißt!

Das ist das Ergebnis meiner Auseinandersetzung mit einer Welt, die ich von mir aus nie verstanden habe: die des Patriarchats. Und vielleicht ist ja der Moment gekommen, wo erst irgendjemand und dann immer mehr Menschen sozusagen den Kanal dafür abgeben, über den ein nicht-patriarchales Denken, Fühlen und Handeln wieder in diese Welt kommen.

Die Kritische Patriarchats-Theorie ist also das, was ich seit dem Beginn meiner empirischen Forschungen in der „3. Welt", dem heute sog. Süden des Weltsystems, gesucht habe, nämlich:

Eine Antwort auf die Frage, warum die global gewordene moderne Zivilisation des Nordens so zerstörerisch ist, dass sie bald alles Leben und – wie heute möglich – auch noch den Planeten selber auf dem Gewissen haben wird, und mit dieser Vernichtung selbst dann nicht aufhört, wenn die Folgen überall sichtbar, ja irreversibel zu werden begonnen haben!

Es ist in dieser Hinsicht eine Art allgemeine *„Kyndiagnosia"* festzustellen, nämlich die Unfähigkeit, eine Gefahr zu erkennen, die sicher daher rührt, dass das Patriarchat ganz zentral zum *„kollektiven Unbewussten"*[15] der Welt gehört, was bedeutet, dass insbesondere seine Gewalttätigkeit – außer von den vielen Opfern! – nicht gesehen, geschweige denn gespürt werden kann – andernfalls es mit ihm nämlich vorbei wäre! Daher negiert, verhöhnt und bekämpft man lieber Menschen wie mich, denen diese Gewalt ganz und gar unerträglich ist, und die versuchen, eine Erklärung dafür – und das heißt, auch einen Ausweg daraus zu finden, eine Alternative! Was sollte ein/e WissenschaftlerIn und überhaupt ein Mensch heute eigentlich sonst tun?

Aber, ist nicht eine Frau monströs, eine „böse Hexe", die irgendwie außerhalb des patriarchalen Denkens und Wollens geblieben ist, ja diese Perspektive auch noch offensiv *gegen* das patriarchale Denken und Wollen vertritt?

Indem die mit der laufenden Weltzerstörung zusammenhängende Krise der Moderne immer schrillere und gefährlichere Züge angenommen hat, bin ich nun – ganz im Sinne von Christa Wolf – zu einer Art *Kassandra* geworden, einer irgendwie matriarchalen Wächterin in einem das Leben mit Krieg bedrohenden Patriarchat – und ich sage dazu nur: *Ich hätte mich viel lieber geirrt* und würde mich viel lieber irren. Doch bisher habe ich leider immer Recht behalten, zuletzt – und noch vor dem gigantischen Thema des planetaren „Muttermordes" – mit der Analyse des globalen Neoliberalismus und seiner brutalen Durchsetzung unter Einschluss aller möglichen Formen des Krieges[16]. Das ist von den Golf- und Balkankriegen, über Afghanistan bis Syrien, und von Griechenland bis vermutlich bald durch die ganze EU zu sehen, von der sicherlich stattfindenden Anwendung auch postatomarer Massenvernichtungsmittel im Bereich der militärischen Katastrophentechnologien, wie Bertell oder auch die UNO sie beschreiben[17], ganz zu schweigen.

Aber nach Ansicht der Normalwissenschaft, Politik und Medien befinden wir uns in der Demokratie, im Frieden und im Wohlstand, ja, der bestmöglichen aller Zivilisationen!

Abgesehen von vielen Frauen im internationalen Raum, mit denen ich seit Jahrzehnten direkt und indirekt zusammenarbeite, wie Maria Mies, Veronika Bennholdt-Thomsen, Vandana Shiva, Silvia Federici, Corinne Kumar, Gena Corea, Farida Akhter, Rosalie Bertell oder Renate Genth, auf deren Kritik der Maschinisierung schließlich mein erweiterter *neuer Patriarchatsbegriff* zurückgeht, habe ich inzwischen das Gefühl, auch die Arbeit eines Mannes weitergetrieben zu haben, dem ich das zu Lebzeiten noch nicht sagen konnte, der es aber vermutlich geahnt hat: Ivan Illich. Ich bilde mir inzwischen ein, seine frühe Kritik der modernen Institutionen als solchen, die das *Gegenteil* von dem hervorbringen, was sie angeblich beabsichtigen – also Dummheit statt Klugheit durch das Bildungswesen, Krankheit statt Gesundheit durch die Medizin, Unterentwicklung statt Entwicklung durch die internationalen Beziehungen etc. – erklären zu können, nämlich als etwas durchaus, ja gerade Gewolltes! Während Ivan – wir kannten uns über viele Jahre – die Verantwortlichen immer auf die Kontraproduktivität ihrer Institutionen hinwies[18], hatte er aber eigentlich keine Theorie, die diese Kontraproduktivität nicht als Irrtum, sondern als *Absicht* erklären konnte!

Wir aber haben sie inzwischen. Es ist die zentrale These der Kritischen Patriarchats-Theorie, meine „Alchemie"-These, die erklären kann, warum die von allen modernen Institutionen beabsichtigte Produktion des angeblich Höheren und Besseren zu der des Niedrigeren und Schlechteren führt, führen muss, ja – wenn auch nur vorübergehend – sogar führen soll! Und dabei bleibt es dann:

Denn diese „Produktion" tritt ganz und gar kriegerisch an gegen die Natur, die Mütter und alle Gestalten, die von sich aus schöpferisch sind, ja die Erde, ihren Geist und ihre Seele selber, um sie zu zerstören und/oder durch ein Gegenteil zu ersetzen, das nicht geboren, sondern künstlich gemacht und auf Vernichtung aufbauend zusammengesetzt ist: die Maschine bzw. das „System" – das „Große Werk" oder gar der „Stein der Weisen" der Moderne als „Alchemistischem System".

Mit solchen Gewaltverhältnissen kann nichts Besseres und Höheres oder gar „Göttliches" geschaffen werden. Dieser Logik einer „Schöpfung aus Zerstörung", wie ich sie nenne, bzw. einer durchaus gewollten Zerstörung durch angebliche „Schöpfung", – die Er-Schöpfung – kommt man jedoch nur über einen Begriff näher, den weder Ivan, noch andere männliche – und auch viele weibliche – Geister bisher haben: den des Patriarchats, und zwar nicht nur als Herrschaftsform, sondern –

des Patriarchats als einer Technik der geplanten Verkehrung der Welt, die notwendig ihre kontinuierliche Zerstörung bedeutet.

Die patriarchale Utopie der besseren, paradiesischen Gegen-Welt kippt heute, wo diese Welt mit allen Mitteln hervorgebracht wird, um in die Dystopie einer Hölle auf Erden[19].

Genau dafür gab es bisher keine Erklärung! Und erst wenn wir die haben, gibt es die Chance, vom bloßen Lamento und moralisierenden Gejammer oder gar dem Austreiben des Teufels mit dem Beelzebub zu einer Tat zu schreiten, in der ein gänzlich anderes Denken, Fühlen und Handeln endlich – wieder – zum Zuge kommen können.

Ich habe mich in die Lehre versenkt wie vielleicht sonst kaum jemand, damit die mir anvertrauten StudentInnen mit mir den Weg des neuartigen Erkennens der Welt gingen. Und wie unnachahmlich waren die Momente, wo ich – nach der vielen Knochenarbeit, wie ich das nannte – in ihren Augen plötzlich dieses Licht sah, das Aufleuchten eines anderen Verstehens, das manche nicht mehr losgelassen hat, und wonach man richtig süchtig werden kann...!

Für die Zeit jenseits der Universität haben wir auch schon zwei Vereine gegründet: das „Forschungsinstitut für Patriarchatskritik und Alternative Zivilisationen", FIPAZ, und die „Planetare Bewegung für Mutter Erde", PBME, mit inzwischen fast 700 Mitgliedern in aller Welt-Theorie und Praxis der Zukunft! (www.pbme-online.org)

Da geht etwas weiter, und ich selbst muss noch mein buchstäblich „Großes Werk" über eine Art von interdisziplinärer Technikgeschichte des Patriarchats, *Die Zivilisation der Alchemisten*, fertigstellen. Nachlesbar ist aber schon jetzt, wie der Weg war, den wir gegangen sind: es gibt dafür die Reihe „Beiträge zur Dissidenz" mit bisher 28 Bänden (Peter Lang Verlag 1996-2012) und viele, viele Publikationen in verschiedenen Sprachen in aller Welt[20].

Daneben habe ich mich allerdings immer schon mit Erkenntnismethoden und Techniken jenseits der neuzeitlichen Wissenschaft beschäftigt, nämlich solchen, die in Richtung einer neuen matriarchalen, eher schamanischen Tradition und Praxis gehen...

Begriffe der „Kritischen Patriarchats-Theorie": Gibt es eine auch künstlerische Form der Darstellung?

Die Ergebnisse meiner langjährigen Arbeit als Wissenschaftlerin mag ich nicht länger ausschließlich im Feld einer wie immer gearteten Scientific Community „aufgehoben" wissen. Seit der „Reform" der Universitäten im Umbruch zum 3. Jahrtausend wurde auch den letzten lebendigen und kritischen Bereichen innerhalb der Wissenschaft der Boden entzogen. Die neoliberale Verwahr(heits)losung hat die Universität im großen Stil zu einem Ort der durchaus beabsichtigten Gedanken- und Verantwortungslosigkeit, der Geschäftemacherei und des (Selbst-) Betrugs gemacht. Nicht zuletzt aus diesem Grund bin ich überzeugt, dass das radikale Moment meiner Forschungsarbeit zurzeit vor allem über die Kunst eine adäquate und wirksame Übersetzung erfahren kann.

Manche Kenner der Szene beklagen inzwischen das Fehlen des Politischen etwa bei jungen Stückeschreibern. Sie nennen dafür meist nicht die Gründe. Es gibt sie aber.

So wie ich meine Wissenschaft bzw. Forschung als „politische" verstehe, so will ich mich an die „politisch" Denkenden in der Kunst wenden. Ich möchte die DramatikerInnen, SchriftstellerInnen, DrehbuchautorInnen, Theater- und FilmemacherInnen anregen, über ein Experimentieren mit einer vom Mainstream der Moderne grundsätzlich abweichenden „anderen Brille" zu arbeiten, ich möchte Ihnen das Ausprobieren eines „neuen Blicks" empfehlen. Ich möchte all jene ansprechen, die auf die derzeit stattfindenden krassen Umbrüche in unserer Gesellschaft, Zivilisation und Natur eine im besten Sinn künstlerische, also radikale, also politische Antwort geben.

Unter dem „Politischen", wie ich es verstehe, meine ich aber nicht das systemimmanent Politische, sondern ein Politisches, das sich der Wahrheit über den Zustand unserer Gesellschaft(en), Zivilisation und Natur verpflichtet fühlt.

Die gegenwärtige Politik ist aber ganz und gar uninteressiert an derartigen Wahrheiten, weil sie als nicht umsetzbar, also als nicht „politikfähig" gelten, indem sie den – im Wesentlichen von den Konzernen bzw. dem Finanzkapital vorgegebenen – Rahmen der Politik bei Weitem sprengen.

Eine Wahrheit in Form des Scheiterns der Moderne war und ist nicht „vorgesehen". Dafür gibt es keine Theorie, geschweige denn eine entsprechende Praxis.

Ein solches Scheitern findet dennoch statt. Wir befinden uns im *Fall der Moderne.*

Die „Kritische Patriarchats-Theorie" versteht sich dabei als Erklärung für die heutige Situation, und zwar mit ihrem Programm der Entwicklung zunächst einer *„Patriarchatskritischen Geschichtswissenschaft"* und einer *„Matriarchalen Naturwissenschaft"*[21] im Theoretischen wie Praktischen.

Die Kernaussage ist:

Alle Bereiche des Lebens in der modernen Zivilisation sind in ihren inter- und transdisziplinären Zusammenhängen zu sehen, wobei sich grundlegend wenigstens *fünf zivilisatorische „Verhältnisse"* unterscheiden lassen[22], die wie in einem Kreislauf zusammenwirken:

(1) das Naturverhältnis (Ökonomie und Technik),

(2) das politische Verhältnis (politische Organisation und Verfasstheit der einzelnen Gesellschaft bzw. gesamten Zivilisation),

(3) das Geschlechterverhältnis (Regelung des Zusammenleben der Geschlechter und der Reproduktion der Gattung),

(4) das Generationenverhältnis (Regelung des Zusammenlebens der verschiedenen Generationen als „Geschlechter" i.w.S. und ihre Verbundenheit mit Vergangenheit und Zukunft),

(5) das Transzendenzverhältnis (Umgang mit dem und Sicht auf den Zusammenhang von Leben und Tod, Antworten auf Fragen nach dem Woher und Wohin des Lebens). Es führt zurück ins Naturverhältnis.

Die Art, wie diese fünf Verhältnisse geregelt sind – und sie müssen „notwendig" geregelt werden –, bestimmt den Charakter einer Zivilisation/Gesellschaft sowie die Möglichkeiten, darin auch als Einzelne/r zu agieren.

Unsere Haupt-These ist, dass es im Prinzip zwei grundsätzlich verschiedene Arten einer zivilisatorischen Regelung gibt: die *matriarchale* und die *patriarchale*.

Die matriarchale Zivilisation ist die ältere und ursprünglichere. Ihre Regeln sind in allen Verhältnissen: Egalität/Herrschaftsfreiheit, Gemeinsinn/Verantwortungs-Bewusstsein, Freiheitssinn/Gerechtigkeit, grundsätzliche Friedlichkeit/Gewaltfreiheit in der Konfliktlösung, Lebensfreude und Achtung allem Leben gegenüber, Lebensfreundlichkeit und das Streben nach einem „guten Leben" für alle sowie eine Orientierung der Kultur (der „Pflege") an der Kooperation mit der umgebenden Natur.

Diese Prinzipien entstammen der *„mütterlichen Ordnung"*, die diese Gesellschaften über unvordenklich lange Zeiten auf der ganzen Welt prägte[23]. Ihre Protagonistinnen waren und sind vor allem Frauen und Mütter. Dies ist in noch lebenden Matriarchaten auf der ganzen Welt auch heute noch einsehbar[24]. Indigene Bewegungen und Philosophen in aller Welt sind heute erneut dabei, sich an eben dieser Ordnung zu orientieren und den Kolonialismus als Quelle und Beginn einer falschen Entwicklung zu begreifen[25].

Die patriarchale Zivilisation hingegen ist genau umgekehrt orientiert: Hierarchien/Herrschaft als System, „Teile und Herrsche!" als allgemeine Politik/Zerstörung aller gewachsenen sozialen Bindungen bis „hinunter" zu Mutter und Kind, Ablehnung einer verantwortlichen Haltung und des Respekts gegenüber dem Lebendigen in allen seinen Formen/stattdessen Plünderung, Aneignung und Zerstörung von menschlichen und Naturkräften, Freiheit in allem für wenige/Unfreiheit im meisten für die Mehrheit, Gewalt bei der Lösung von Konflikten/bewusste Schaffung von Konflikten und Gewaltformen (Herrschaft als System, Krieg), grundsätzliche Verachtung und Nihilismus gegenüber dem Irdischen und insbesondere Frauen und Müttern (Muttermord)/„gnostische", also eine die Welt fliehende Orientierung an einem getrennt gesehenen, sogenannten „Geistigen" und Religiösen in einem vorgestellten „besseren Jenseits" der Welt, und dementsprechend für alle zivilisatorischen Bereiche der „alchemistische" Versuch der gewaltsamen

Schaffung einer „Gegen-Natur" in Gestalt eines angeblich möglichen und erstrebenswerten „Jenseitigen" im Diesseits[26].

Im Gegensatz zum herkömmlichen Wissenschaftskanon stellen wir nun fest:

Die patriarchale Zivilisation ist gewissermaßen die *Pervertierung* der matriarchalen als der Versuch, die letztere quasi auf den Kopf zu stellen und sie dabei möglichst zur Gänze aufzulösen[27]. Dabei bleiben Elemente des Matriarchats als *„zweiter Kultur"*[28] in verschiedenem Ausmaß über gewisse Zeiträume und nach Orten verschieden bei der Entwicklung des Patriarchats noch erhalten bzw. erweisen sich als vorläufig unverzichtbar, weil ohne sie die patriarchale Zivilisation nicht weiterbestehen könnte (z.B. die Mutterschaft, die Liebe, insbes. zwischen Mutter und Kind). Insgesamt bewegt sich die patriarchale Zivilisation von der Leugnung, Usurpation, Perversion, Abstraktion, Zerstörung und Transformation der matriarchalen Zivilisation zu deren widersprüchlicher *„Ersetzung"* in Gestalt eines *„Alchemistischen Kriegs-Systems"*[29].

Zur patriarchalen Zivilisation gehört die heute vorherrschende, die westliche, Moderne als ihr historisch vorläufig letzter und am „höchsten entwickelter" Ausdruck: das *„kapitalistische Patriarchat"*. Das bedeutet, dass sie in der Ersetzung der matriarchalen Zivilisation bisher am weitesten gekommen ist und dabei ihre eigenen Grundlagen durch eine männliche sogenannte „Schöpfung" – also buchstäblich eine *Er-Schöpfung* – immer mehr zerstört (hat).

Das ist der Grund für die heutige *Zivilisationskrise* der Moderne als *Naturkrise bzw. Krise ihres Naturverhältnisses – ihr unerkannter Kern.*

Diese Krise ist nur dadurch aufzuhalten, dass *der patriarchale Charakter der Moderne* in allen Bereichen erkannt sowie entschlossen und so schnell wie möglich *aufgegeben wird.*

Dabei zeichnet sich die patriarchale westliche Moderne durch Besonderheiten aus, die zu ihrer Entstehung in Europa, aber nicht anderswo geführt haben: die moderne Naturwissenschaft und Technik (Maschine/Maschinisierung als „System") sowie die Ökonomie des „Kapitalismus" auf der Grundlage des Nationalstaats und des Kolonialismus. Beide traten als Projekte einer angeblich notwendigen *„Naturbeherrschung"* in Erscheinung, zu dem auch die Unterwerfung der Menschen in Gestalt angeblicher Ketzer und Hexen (Inquisition) sowie der bäuerlichen und Handwerker-Bevölkerung gehörte (Bauernkriege), in Europa ebenso wie in den „Kolonien" (Kolonialkriege)[30].

Naturwissenschaft, Technik und Ökonomie der Neuzeit bilden inzwischen eine in sich verkettete „Blockstruktur"[31] und sind in dem Sinne patriarchal, als sie faktisch die Hauptinstrumente der möglichst umfassenden und nicht nur imaginierten, sondern nun tatsächlich durchgeführten, angeblich *schöpferischen* „Ersetzung" *der matriarchalen Zivilisation* – die allerdings nicht mehr benannt wird! – sein sollten und gewesen sind. Es handelt sich um die „*Große Transformation*"[32] von allen Naturdingen, Lebewesen und Verhältnissen in ihr *Gegenteil*: Ware statt Subsistenz, Geld statt Leben, Maschine statt Natur, „Vater" statt Mutter, Staat statt Eigenmacht und System statt Gesellschaft bzw. Gemeinschaft... *Ziel ist die am Ende totale Unabhängigkeit der Herrschenden von aller Natur und den Frauen als Müttern bzw. dem „Restrisiko" Mensch* schlechthin und ihre Ersetzung durch „Kapital": Maschinerie/Geld/Ware/Hierarchie und „Kommando"[33] im weitesten Sinne des Begriffs.

Dieses Projekt äußert sich heute im „Tod der Natur"[34], einem sich verallgemeinernden „Muttermord"[35], inklusive und möglicherweise dem an der Mutter Erde selber[36] und dem „Tod der Frau"[37] sowie der Entfremdung vieler Menschen von ihrem Lebendig-Sein. Dazu gehört auch der zunehmende „*Fetischismus*"[38] bezüglich der „Errungenschaften" des modernen kapitalistischen Patriarchats, das auf technologische Weise nun auch noch „*posthuman*" zu werden beabsichtigt[39].

Es wird dabei das Scheitern der patriarchalen Utopie, seine Dystopie, immer noch als Triumph interpretiert!

Von dem, was durch die laufende „*Transformation*", die grundsätzlich als „Verbesserung" angesehen wird, einverleibt, getötet oder abgeschafft werden soll und wird, darf anscheinend nicht gesprochen werden. Es ist „*tabu*" – an erster Stelle die matriarchale Ordnung selbst. Das Abgeschaffte/ Abzuschaffende wird dabei paradoxerweise gleichzeitig negiert oder aber als etwas interpretiert, über das ein „Sieg" errungen werden muss, oder bereits wurde. Und dennoch muss es als Realität *unaussprechlich* bleiben. Das macht die überall herrschende **Verwirrung** aus:

Die „political correctness" von heute verbietet die Benennung und ideologiefreie Interpretation dessen, was wirklich geschieht.

Das ist der Grund, warum die Mütter, die Natur, eigenmächtige Menschen, matriarchale Alternativen und eine profunde Patriarchats-Kritik nicht zum Thema des Nachdenkens gemacht werden. Ja, dies wird, wenn überhaupt bemerkt, als „rückwärtsgewandt", „romantisch", „idealistisch" oder „reaktionär" von allen Seiten massiv be- oder verhindert[40].

Eine Infragestellung der Moderne ist nicht erlaubt. In dieser Frage herrscht allgemein ein unbedingtes Denkverbot.

Nur unter der Verwendung eines „langen Fernrohrs"[41], nämlich des Blicks auf mehr als 500 Jahre Neuzeit, als da sind mindestens 5000 Jahre Patriarchat sowie Zeiten davor und „daneben", ist es zu einer Erklärung für den heutigen kritischen Zustand der Welt gekommen. Erst durch eine Berücksichtigung der *patriarchalen „Tiefendimension"* der Moderne konnte eine Sicht hervortreten, bei der die Dinge wieder auf den Füßen stehen anstatt auf dem Kopf:

Allein auf diese Weise kann das Rätsel der Moderne, nämlich warum sie scheitern muss, gelöst werden.

Die patriarchale Zivilisation begann merkbar vor ca. 5-7.000 Jahren mit dem Krieg zu entstehen[42]. Sie ist die Tiefenstruktur der heutigen Verhältnisse und das „kollektive Unbewusste" der Gegenwart. Indem das Denken des Patriarchats im Vergleich zur Moderne „alt" ist, fällt heute vielen Menschen nicht auf, wie absurd, „verkehrt", gewalttätig und obszön es ist. Sie sind seit Jahrtausenden daran gewöhnt.

Auch Frauen sind inzwischen weitgehend dem Patriarchat in ihrem Denken und Fühlen angepasst („Gender"-Ansatz), obwohl sie am meisten unter ihm gelitten haben. Damit sind sie nach und nach in die *„mimetische Sphäre"*[43] des Patriarchats eingetaucht, die bewirkt, dass sie ihre mimetischen Fähigkeiten der kreativen „Anverwandlung" an die Welt wie die meisten Männer auch in eine Richtung entwickeln, die eine tödliche Sackgasse und ohne Zukunft ist.

Dagegen gilt es, die Erinnerung an eine andere Ordnung wieder zu mobilisieren, die zu unserem menschlichen Erbe gehört und uns viel längere Zeiten als das Patriarchat begleitet hat.

Der *Begriff Patriarchat* ist weitgehend tabuisiert bzw. vollkommen falsch definiert. Das gilt insgesamt sogar für diejenigen, die ihn überhaupt verwenden, nämlich vor allem bestimmte Teile der Frauenbewegung.

Dasselbe ist entsprechend für den *Begriff Matriarchat* festzustellen. Indem das Matriarchat allgemein als Frauen- oder Mütter-Herrschaft verstanden wird, lässt sich das Patriarchat als Herrschaftsform von Männern exkulpieren. Von daher sieht es dann so aus, als sei Herrschaft auch in Zukunft unvermeidlich und „immer schon" der Fall gewesen, ja, das gleiche gilt entsprechend für die Gewalt, den Krieg, die Herrschaft, Ungerechtigkeit, Ausbeutung, Zerstörung und Plünderung sowie die Unterdrückung und

Vergewaltigung von Mensch, insbesondere Frauen, allen Arten von „Kolonien" und allgemein der Natur.

Dieser „Pessimismus" und seine negative Anthropologie („der Mensch ist schlecht") dienen allein der *Rechtfertigung des Patriarchats* und seiner Weiterführung, so als wäre es eine „Naturordnung", also die einzig mögliche oder „vernünftige", und das Matriarchat – wenn überhaupt – nur eine zudem besonders grausame und unterentwickelte Vorform davon gewesen.

Auf diese Weise wird den Frauen nicht nur ihre Geschichte gestohlen, sondern auch noch die Gewalt des Patriarchats in die Schuhe geschoben!

Es gilt also, die verschiedenen Seiten des Patriarchats zu untersuchen[44] und ihm die Alternative einer ganz anderen Ordnung entgegen zu halten. Diese müsste heute neu entdeckt, ausprobiert und definiert werden. Das ist möglich, weil wir inzwischen in der Lage sind, das Ganze des Patriarchats als historisch entstandenes und wieder vergehendes „System" von außen, quasi „archäologisch"-relativierend, wie aus der Zukunft zurückblickend, zu sehen. Wir können uns also geistig-seelisch bereits von ihm entfernen, und dass dies überhaupt möglich ist, bedeutet, dass es eigentlich schon mit ihm vorbei ist.

Nun gilt es, dies zunehmend auch „politisch" und praktisch handelnd zu tun. Das nennen wir *„Zivilisationspolitik"*[45].

Mein neu entstehendes Buch dazu behandelt meine These von der zentralen *Rolle der „Alchemie"* als historisch erster *patriarchaler Gesamtwissenschaft* und ihre – bisher ungesehene – immer noch wachsende und nicht zuletzt religiöse Bedeutung bei der Transformation der Welt durch eine „Schöpfung aus Zerstörung" sowie dem Glauben daran in der modernen Naturwissenschaft, Technik, Ökonomie, Psychologie, Politik und Religion als den Formen eines allgemeinen und permanenten Krieges (bis) heute.

Ich vermute, aus diesem Stoff ließen sich eine Reihe radikaler künstlerischer „Umsetzungen" machen. Eine davon soll dieses Hörbuch sein!

Dabei denke ich keineswegs an bestimmte Gruppen oder etwa „nur Frauen", die das interessieren könnte. Im Gegenteil, es handelt sich ja gerade um etwas, das alle angeht.

Die Alchemie-These

1. Was war „Alchemie" früher, was ist sie heute?

Widersprüche (in) der antiken Alchemie und einige Ähnlichkeiten und Unterschiede zwischen antiker und „moderner" Alchemie/Naturwissenschaft

Definition der Alchemie allgemein:

Der Chemiker und Wissenschaftshistoriker Hans-Werner Schütt hat vor einigen Jahren eines der umfassendsten Werke zur Geschichte der Alchemie verfasst: „Auf der Suche nach dem Stein der Weisen"[46].

Dort heißt es: „Wir können die Alchemie…nicht definieren. …das liegt…an der eingeborenen Grenzenlosigkeit der Alchemie. …Die Alchemie bietet sich…dar als ein komplexer Tempelbezirk, an dem über Jahrhunderte unzählbar viele Baumeister gearbeitet haben. …Wie die Großtempel sind auch die Kernbereiche der Alchemie von Dutzenden von Nebenbauwerken umgeben. Im Bezirk der Alchemie gibt es Gebäude, die ekstatisch verwinkelt sind, doch gibt es auch solche, die nüchtern-gradlinig wirken; da gibt es Gebäude, die profane Aufgaben zu haben scheinen, da gibt es aber auch eindeutig sakrale Gebäude, die im purpurfarbenen Dunkel die verschleierte Göttin der Weisheit beherbergen.…Wir sehen Frauen und Männer in den verschiedensten Trachten, griechischen, arabischen, indischen, chinesischen und auch mittelalterlichen…"[47].

Die Alchemie ist „der überaus filigrane und komplexe Ausdruck des Bemühens, die tiefsten Zusammenhänge der Welt, ihren religiösen Sinn sowie ihre philosophische Bedeutung abzubilden und zu begreifen"[48].

Dabei handelt es sich offenbar zum Teil noch um die ursprünglich matriarchale Alchemie! Doch das fällt dem Autor nicht auf.

Warum aber interessieren wir uns heute für Alchemie, und was erhoffen wir uns von ihr? Das fragt Schütt und antwortet mit einer vergleichsweise konkreten Kurzdefinition:

Die Alchemie ist „die Kunst, gewisse Materialien zu höherem Sein zu veredeln, und zwar derart, dass mit der Manipulation der Materie auch der um ihr Geheimnis ringende Mensch in einen höheren Seins-Zustand versetzt wird"[49].

Schütt findet, das klinge zunächst „harmlos". Man müsse daher fragen, was da „Kunst", „veredeln" und „Geheimnis" heiße. Dem widmet er sein Werk.

Schließlich sei die Alchemie zwar „zählebig" gewesen, allerdings „dann doch gestorben", und zwar einerseits wegen ihrer „prinzipiellen Erfolglosigkeit" und andererseits, weil sie von der „modernen Chemie", ihrer „erfolgreicheren Rivalin", am Ende „verdrängt" wurde[50].

Wie komme ich also dazu, ausgerechnet diese kaum jemandem verständlich zu machende antike „Tempelkunst" der „Alchemie" zu meiner „Kronzeugin", ja, zu meinem Hauptbegriff für unser *heutiges* Dilemma zu wählen, noch dazu, wo sie wegen Erfolglosigkeit, und zwar war das generell im 18. Jh.[51], endgültig aufgegeben worden sein soll?

Ich will versuchen, meinen Weg zur Alchemie als zentralem und gerade heute gültigem Begriff nachzuzeichnen. Bei Schütt wie auch bei anderen, die sich in jüngerer Zeit mit der Alchemie beschäftigt haben[52], fällt zuerst immer der fast schwärmerische Ton auf, in dem irgendwie nostalgisch auf die Alchemie zurückgeblickt wird, nämlich auf ihre Breite als theoretische und praktische, „inter"- oder gar „trans-disziplinäre" Gesamtwissenschaft, ihr Alter und ihre Berufung auf noch ältere Weisheiten und tiefe Zusammenhänge, ihre anscheinende Nähe zu einem „Höheren", Besseren und Edleren, wenn nicht Göttlichen, ihre Anerkennung und Pflege in allen Hochkulturen der Welt und das erhebende „Abfärben" all dieser Qualitäten auf den „Adepten", den Alchemisten als Person.

Hieran schließen sich Fragen an:

• Hat das Scheitern der antiken Alchemie mit ihren offensichtlichen Widersprüchen – nämlich etwa denen zwischen ihren matriarchalen und ihren patriarchalen Anteilen – zu tun, die bereits in den Versuchen, sie zu definieren, festzustellen sind?

• Worin bestand die „prinzipielle Erfolglosigkeit" der Alchemie, die dazu geführt hätte, dass sie in der Neuzeit „gestorben" sei, bzw. wie ist im Unterschied dazu ihre „Nachfolgerin", die Chemie, bzw. allgemein die neuzeitliche (Natur-)Wissenschaft samt ihren Prinzipien und Erfolgen zu charakterisieren? Ist sie quasi „Anti"-Alchemie, mit Alchemie vermischt, erneuerte, moderne Alchemie oder gar – inzwischen gänzlich patriarchale – Alchemie „pur"?

• Was hat es entsprechend mit dem Erfolg der neuzeitlichen Naturwissenschaft auf sich? Geht er auf ihren angeblich un- oder gar anti-alchemistischen Charakter zurück oder gerade nicht?

• Wie können die außerdem zu beobachtenden Misserfolge der neuzeitlichen Naturwissenschaft interpretiert werden? Sind sie vermeidbare, in Kauf zu nehmende unglückliche Zufälle, oder sind sie „systembedingt"? Gehen sie also auf das Konto einer noch/wieder bestehenden alchemistischen Methode in den Naturwissenschaften oder nicht?

• Welches sind die Erfolge und Misserfolge der modernen Naturwissenschaften über die Zeit gesehen? Ist sie das langfristige Fortschrittsprojekt, dessen sie sich rühmt, oder nur ein kurzfristig mögliches Experiment, das schon an seine Grenzen stößt? Und was hat das mit dem mehr oder weniger (un-)alchemistischen Charakter dieser Naturwissenschaft zu tun?

Gehen wir von Schütt aus, dann ist auf den ersten Blick der Unterschied zwischen antiker Alchemie und neuzeitlicher Natur-Wissenschaft überraschender-, aber nicht kommentierterweise, gar nicht groß:

Nehmen wir die moderne Naturwissenschaft als angebliche Nachfolgerin der Alchemie, dann ist z.b. ihr Anspruch auf die Anerkennung ihrer Bedeutung mindestens mit dem der antiken Alchemie zu vergleichen.

Der wichtigste Unterschied ist, dass sich die Naturwissenschaft allerdings nicht mehr auf eine „Göttin der Weisheit" beruft, die bei Schütt wie aus einem Märchen aus 1001 Nacht erscheint, und den „tiefsten Zusammenhängen der Welt" nachspürt. Dieser Zauber ist nun wirklich der brachialen „Entzauberung der Welt" durch den Rationalismus der Neuzeit gewichen. Und außerdem wandeln in der Neuzeit – bis heute – ziemlich wenige Frauen in den Reihen der Natur-Wissenschaftler. Das ist natürlich kein Zufall. Auch in der antiken Alchemie gab es nur sehr wenige Frauen, obwohl ihre Ursprünge offensichtlich matriarchale sind…

Es gibt solche Zusammenhänge: Die antike Alchemie scheint noch verbunden gewesen zu sein mit einem viel älteren, manche sagen „unvordenklich alten" Wissen aus „illo tempore" – jener Zeit – das aus einer vor-antiken, vor-patriarchalen Welt und Wissenschaft stammt, nämlich der Welt und „Wissenschaft" der *matriarchalen (Hoch-)Kulturen*[53]. Diese Verbundenheit ist in der Neuzeit vollständig und bewusst gekappt worden[54]. Dem werden wir uns genauer zu widmen haben.

Außerdem ist festzustellen, dass das „Göttliche" in beiden Wissenschaften eine zentrale Rolle spielt, wenn auch als schon in der Antike ent-matriarchalisiertes, patriarchales Göttliches und in deutlich anderer Form. „Gott" ist aus der Sicht der modernen Wissenschaft nicht mehr im Jenseits, sozusagen über uns, sondern durchaus im Diesseits und unter uns bzw. den (Natur-)Wissenschaftlern selbst zuhause. Die Wissenschaftler brauchen daher nicht mehr nach oben zu streben, sondern sind gewissermaßen selbst zu „Göttern" hier unten geworden. Man denke z.b. an „Götter in Weiß".

Aber davon gibt es noch ganz andere Exemplare, wie wir bald sehen werden, vor allem solche, die z.B. eine „Genesis Zwei"[55] zu betreiben versuchen, also Gottvater – jedenfalls im Sinne des Christentums – höchstpersönlich und selber sein wollen. Insofern sind die „Heiligen Bezirke" der Alchemie[56] heute durchaus wieder entstanden, ja ihr „sakraler" Charakter als *göttliche Kunst*[57] in einem „Heiligen Bezirk"[58] eigentlich erhalten geblieben, wenngleich nur in der patriarchal-männlichen bzw. modern-rationalen und angeblich geschlechtsneutralen Form.

Wegen der profan-rationalen Labortätigkeit der modernen Naturwissenschaften wird dieser religiös-sakrale Charakter allerdings generell, jedenfalls von außen gesehen, nicht verstanden. Allerdings hatte auch der alte Alchemist sein Labor, seine Phiolen, die ersten Reagenzgläser, und seinen Athanor, den Ofen, in dem er seine Experimente der „chimischen Hochzeit" – etwa der Schmelzung von Metallen – durchführte. Aber die religiöse Komponente des sog. „Großen Werks" des Alchemisten war meist gesondert in Gestalt eines Altars in einer anderen Ecke des Raums präsent, was man vom modernen Labor nicht sagen kann. Das „Jenseits-Göttliche" wird heute also nicht mehr kulturell besonders repräsentiert, aber es ist dem Charakter der Tätigkeit selbst eingeschrieben, indem es auch hier um eine „Schöpfung" geht. Das Religiöse überhaupt wäre demnach heute nicht aus dem Labor verdrängt – das gilt nur für das weiblich- Religiöse bzw. Göttin-Sakrale[59] – sondern sozusagen in die wissenschaftliche Tätigkeit selbst „hineingerutscht", von ihr absorbiert und durch sie „inkarniert". Diese These gilt es zu überprüfen.

Sie wird aktuell gestützt durch den Erfolg der physikalischen Großexperimente im Kernforschungszentrum CERN bei Genf, wo soeben das seit 50 Jahren gesuchte „Higgs-Partikel" durch die Kollision von Protonen „erzeugt" worden sein soll, die mit Lichtgeschwindigkeit aufeinander gejagt und dabei gewaltsam zerstört werden[60]. „Schöpfung aus Zerstörung", fürwahr!

Jedenfalls scheint sich die Hoffnung auf *Erhebung* des Adepten in einen *„höheren Seins-Zustand"* und seine besondere *„Individuation"* im Unterschied zu gewöhnlichen Menschen inzwischen insofern realisiert zu haben, als der Naturwissenschaftler sich eine Form der Erhabenheit über den Rest der Welt, gerade auch die Nicht-Natur-Wissenschaften/ler selbst zuschreibt und auch von der Öffentlichkeit zugeschrieben bekommt[61]. Als der angeblich mit dem „Geheimnis der Materie ringende Mensch" scheint er durch seine „Kunst" dieses Geheimnis nun endlich gelüftet zu haben. In Wahrheit hat er es lediglich negiert und sich darüber hinweggesetzt.

Insofern wäre im Unterschied zur Antike nun allerdings ein Teil der Interdisziplinarität der Wissenschaft verloren gegangen. Nicht unbedingt die Theologie, aber die Thea-logie und die Geisteswissenschaften, jedenfalls, scheinen dabei ihren früheren Einfluss eingebüßt zu haben. Das heißt, dass alles, was eventuell noch mit „Weisheit" oder gar einer „Göttin" sowie „tieferen Zusammenhängen" oder der „Philo-Sophia", der weiblichen Weisheitsgestalt[62], also einer weitaus älteren, nämlich matriarchalen Tradition zu tun haben könnte, in der Neuzeit immer mehr als nicht ernstzunehmen und überflüssig, wenn nicht hinderlich und lächerlich, als angebliche „Magie" und „Aberglaube" aus dem Programm der Wissenschaften aussortiert worden ist. Das können wir zurzeit in einem neuen Schub, der neoliberalen „Privatisierung" der Wissenschaft, noch einmal, sozusagen bis zum bitteren Ende beobachten[63].

Die „Vater-Religion" ist in der modernen Wissenschaft also nicht verschwunden, wie lange behauptet wurde, und es für den Außenstehenden auch aussehen mag[64]. Stattdessen wurde sie von der neuen Wissenschaft „geschluckt" bzw. als zentrale Aufgabe einer „Neuschöpfung" der Welt vorausgesetzt. Die moderne Naturwissenschaft ist demnach gerade *nicht* den Oppositionsweg zur Religion gegangen. Sondern sie hat begonnen, sich selbst als göttlich im Sinne der Erbringung eines diesseitigen Gottesbeweises zu verstehen[65]. Auf diese Weise wäre das Sakrale säkularisiert, bzw. das neue *Säkulare sakralisiert* worden...[66]

Das elitäre und esoterisch-geheimnistuerische, metaphysisch-transzendental-gnostische, patriarchal orientierte Programm der Alchemie wäre damit jedenfalls insgesamt mindestens so ausgeprägt geblieben wie vorher[67], wenn auch mit einigen Verschiebungen, vor allem in Richtung einer ungeheuer ausgedehnten irdischen Praxis, eines uneingeschränkten Interesses an technischer Machbarkeit ohne jede Rücksichtnahme auf negative Folgen und einer nahezu beliebigen „Operation"-alisierung sämtlicher Vorstellungen und Verfahren[68].

Hierbei ist offenbar der *patriarchale „Idealismus"* im Sinne der Orientierung an einer angeblich existierenden Jenseitswelt oder einer angeblich möglichen künstlichen „Neuschöpfung" der Materie durch einen ebenso *patriarchalen,* nun modernen *„Materialismus"* ergänzt worden[69].

Was jedenfalls seit der Neuzeit im Vordergrund steht, ist das, was Schütt mit „der Kunst der Manipulation der Materie" umschreibt, wobei das angestrebte „höhere Sein" der so behandelten und verwandelten Materie und der „höhere Seins-Zustand" des „künstlerischen" Akteurs keineswegs der Vergangenheit angehören sollen. Nur das, was dazu nicht gehört, wird fallen gelassen, also insbesondere die matriarchalen „Reste"!

Ist der „Erfolg" der neuzeitlichen Naturwissenschaft auf das Abschütteln der als hinderlich definierten Elemente in der antiken und mittelalterlichen Alchemie, also insbesondere deren teilweise Noch-Berücksichtigung matriarchaler Weisheiten und Wissensformen zurückzuführen? Dann wäre jedenfalls die Konzentration auf die „Manipulation der Materie" zum Zwecke ihrer „Veredelung zu höherem Sein", die mit diesen älteren, matriarchalen Bestandteilen der Alchemie in offenem Widerspruch steht, das Rezept zum Erfolg gewesen.

Das heißt, die zunehmende *„Patriarchalisierung" der Alchemie bis hin zu einem „rein" patriarchalen und sozusagen „matriarchatsfreien" Projekt wurde in der Neuzeit als Weg gewählt, um die Alchemie als patriarchal-männliches Schöpfungsprojekt endlich zum Erfolg zu führen.* **Aber man hat diesen Vorgang nicht „Alchemie" genannt.** Schließlich ist mit dem Namen Alchemie ja ihr *Scheitern* verknüpft. Man hat demnach als Alchemie nur bezeichnet, was an ältere, widersprüchliche Traditionen erinnerte, nicht aber das, was man – weiterhin – zu tun beabsichtigte: die Manipulation der Materie.

Was zunächst auffällt, ist, dass die „Manipulation der Materie" weder bei Schütt, noch bei anderen Autoren zu Fragen der Alchemie als grober Widerspruch zur auch die Zusammenhänge und ihre „Tiefe" thematisierenden Definition der antiken Alchemie erkannt wird. Denn hier ist ein offensichtlicher *Bruch mit der älteren Weisheits-Tradition* zu erkennen. Ein Weltbild, in dem alles miteinander verbunden ist – und das ist die vorpatriarchale/ matriarchale Weltauffassung[70] – bringt kein Interesse an solchen „Manipulationen", noch eine entsprechende Praxis hervor. Im Gegenteil, es geht um – die ständig falsch erklärte – *Magie*, die eben nicht ein „kindliches Allmachts-Streben" anzeigt[71], das ja viel eher in der modernen Naturwissenschaft selber anzutreffen ist. Sondern es handelt sich bei der Magie als „1. Wissenschaft"[72] um ein Wissen und Handeln, das sich an der lebendigen Verbundenheit alles Da-Seienden orientiert, an einem „magan", einem Mögen und Ver-Mögen[73], nämlich ursprünglich dem der Mutter (ma), mit ihren Hervorbringungen – gan, gen – umzugehen[74]. Das schließt den Versuch einer Manipulation dieser Verbundenheit als eines Zusammenhalts ja gerade aus!

Zauberei, Täuschung, Tricks, das „als ob", das „Symbol" und die Lüge[75] sowie gerade der „Wunderglaube" gehören dagegen zur „techné", der List, und zur bereits offensichtlich patriarchalisierten Alchemie, aber nicht zu ihren matriarchalen Vorläufern. Die hatten genau das ja nicht nötig!

Wenn Schütt sagt, die Manipulation der Materie als Kunst der antiken Alchemie klinge „harmlos", dann meint er ganz offensichtlich, dass diese Versuche nicht gelungen sind und daher nichts „anrichten" konnten, also im materiellen Sinne insgesamt eher wirkungs- und bedeutungslos geblieben sind. So ist bekannt, dass *„der Stein der Weisen"*, mit dem *„Blei zu Gold"* werden oder der *„Homunkulus"*, also *menschliches Leben ohne Mutter* in der Phiole-Retorte hergestellt werden sollten, einfach nicht „gefunden" wurde, und das *„Große Werk"* damit prinzipiell nicht gelang.

Das bedeutet aber, dass **die Alchemie am Versuch der Manipulation der Materie, aber nicht an der Beachtung alter Weisheiten „gestorben" ist!**

Die neuzeitliche Wissenschaft hat nun aber genau das, woran die antike Alchemie gescheitert ist, zu ihrer Hauptaufgabe gemacht: die Manipulation der Materie und zwar ebenso „zum Zwecke eines höheren Seins".

Und sie hat so zielstrebig und radikal wie nie zuvor dieses Projekt zu realisieren begonnen, indem sie alle Skrupel und Widersprüche, die in der antiken (und mittelalterlichen) Alchemie noch vorhanden waren, restlos beseitigt hat. Nun klingt das nicht mehr harmlos, denn die Reduktion der Alchemie auf ihren patriarchalen Anteil, nämlich die Manipulation der Materie, hat inzwischen enorme Wirkung gezeigt.

Die quasi „rein" patriarchale, moderne Alchemie hat damit im Gegensatz zur noch „gemischten" antiken und mittelalterlichen Alchemie ihr Ziel einer Manipulation der Materie in der Tat erreicht.

Die Frage ist nur, ob der heutigen Naturwissenschaft als Erbin der älteren Alchemie dabei auch die Hervorbringung eines „veredelten" und „höheren Seins" bzw. „Seins-Zustands" gelungen ist. Genau das behauptet sie allerdings von sich[76].

Eine Menge ist gelungen. Aber was eigentlich?

Was hat die moderne Naturwissenschaft mitsamt ihrer Technik, der Maschine, hervorgebracht? Sie hat hervorgebracht, was heute einen Großteil unseres „Problems" darstellt, und damit keineswegs ein höheres oder gar ewiges Seiendes/Sein, sondern gerade eine Zerstörung von Seiendem/Sein, ein Nicht-(mehr)-Sein!

Anstatt des alchemistisch angestrebten „ewigen Lebens" entstand etwas noch nie Dagewesenes, das Nicht-Sein als „ewig Totes"[77], das nicht mehr zyklisch ins Leben zurückschwingt – „tote Zonen", Sondermüll aller Art, ausgestorbene Tier- und Pflanzenarten, radioaktiv verseuchte Gebiete, menschliche Unfruchtbarkeit – in der Tat eine Neuerfindung. Das Nicht-Sein galt bis zur Neuzeit als eine Unmöglichkeit[78]. Und in welcher Geschwindigkeit ist es nun geschaffen worden!

Die moderne Naturwissenschaft wurde im 13. Jh. zum ersten Mal anvisiert[79], im 15.[80] und schließlich im 16.Jh. begründet[81], im 17.Jh. ausformuliert[82], und ab dem 18. Jh.[83] angewandt, um erst ab dem 19.Jh. wirkliche Bedeutung zu erlangen[84].

Bereits nach 200 Jahren hat sie es nun – im Verein mit anderen Kräften – geschafft, den ganzen Planeten an den Rand der Katastrophe zu bringen. Das ist wahrhaftig ein Erfolg, aber ein *negativer*, einer, der noch nicht einmal als theoretische Möglichkeit vorgesehen war und ist, einer, der gar nicht vorstellbar war und ist, es sei denn als eine zu vernachlässigende „Nebenwirkung", ein „Kollateralschaden" wie im Krieg oder ein „Restrisiko"! Ja, die Möglichkeit, die negativen Seiten mit zu berücksichtigen, wurde durch die Verabschiedung der alten Weisheit, die genau hier Einspruch erhoben hätte, vorsätzlich ausgeschlossen!

Denn der Widerspruch zwischen matriarchalen und patriarchalisierten Elementen in der Alchemie wurde im Sinne der letzteren durch Ausschluss der ersteren „aufgehoben". Er ist durch diesen Reduktionismus aber nur unerkannt, negiert und verdrängt worden. Deshalb wird nicht erkannt, dass und woran die Alchemie heute scheitert.

Jetzt kehrt dieser Widerspruch, das Verdrängte, wieder. Denn er hatte offensichtlich eine Berechtigung. Diese wurde nicht mehr anerkannt, sie hat sich aber von selber bemerkbar gemacht, indem die zerstörerischen Wirkungen der neuen Verfahren zur Manipulation der Materie inzwischen immer deutlicher in den Vordergrund getreten sind. Daher stellt sich die Frage, ob es nicht besser gewesen wäre, bzw. eine Zukunftsperspektive darstellt, die *„Methode" der vorneuzeitlichen als vor-patriarchaler Alchemie* (wieder) in den Blick zu nehmen, soweit das überhaupt möglich ist. Das alte Wissen der Mütter wurde generell ja nicht aufgeschrieben, und wo es „erfragt" wurde, z.b. bei der „peinlichen Befragung", der Folter in Zeiten der Inquisition, da wurde es anschließend vernichtet oder bis heute weggeschlossen (v. a. in den Archiven des Vatikans).

Vom Ergebnis her, im Saldo, hat die moderne Natur-Wissenschaft – aus einer matriarchalen Perspektive gesehen – mit ihrer Art der rücksichtslosen, absichtlich keinen Bezug zum Zusammenhang alles Seienden nehmenden Manipulation der Materie entsprechend auch nicht zu einem höheren Seienden/Sein(s-Zustand) führen können. Ein solches Seiendes oder ein solcher Seins-Zustand wird auch nur aus patriarchaler Sicht angestrebt. Aus matriarchaler Sicht gibt es ein solches höheres als das existierende Seiende/ Sein ohnehin nicht. Das Sein als Seiendes, Da-Sein[85] gilt bereits als das „Höchste", was es geben kann – nicht im Unterschied zu etwas Niedrigerem, sondern zum Nicht-Seienden. Das heißt, dass bereits die Formulierung „höheres Sein", das sich als Veredelung und Verbesserung des bestehenden, angeblich niedrigeren Seienden/Seins versteht, ein patriarchaler Gedanke ist und ein patriarchal-alchemistischer zumal, denn es ist die Tat gefragt, wenn ein anderes Seiendes/Sein entstehen soll: die Technik einer Manipulation des Seienden bzw. Seins.

Die Grundidee der Manipulation der Materie zu höherem Sein ist also ebenso das Merkmal von Bereichen der antiken und mittelalterlichen Alchemie wie der neuzeitlichen Naturwissenschaft: *Veredelung, Verbesserung, Veränderung, Vervollkommnung, das Höhere* – alle diese Worte prägen die Propaganda für die Projekte der Neuzeit, ihre Ideologie, in der gleichen Weise. Wir hören sie jeden Tag in der Werbung, der Politik, der Wissenschaft/ Technik und den Medien. Herausgekommen ist stattdessen aber gerade auch ein neues „niederes" im Sinne von nicht mehr (so gut) lebensfähig Seiendes bzw. ein gar nicht mehr Sein – eine Art von *Nichts.*

Trotz oder gerade wegen ihrer außerordentlichen Erfolge bei der Manipulation der Materie ist die Naturwissenschaft heute also dabei, am Ende gerade an ihrem eigenen Erfolg zu scheitern.

So scheitert sie an dem, was sie von der antiken Alchemie als Aufgabe übernommen hat, und an dem diese auch schon gescheitert ist.

Gerade ausgeschlossen aber hat die moderne Alchemie der Naturwissenschaft das, was in der antiken Alchemie nicht gescheitert ist: Das Weltverständnis einer „Verbundenheit alles Seienden".

Beiden Formen der Alchemie, der antiken/mittelalterlichen und der modernen, ist es nicht gelungen, das höhere Sei(ende)n herzustellen, insofern man es mit dem ursprünglich Seienden, bzw. seiner Stabilität, Ausgewogenheit und Dauerhaftigkeit vergleicht. Der Unterschied ist allerdings, dass **der antik-mittelalterlichen Alchemie die dazu geforderte Manipulation der Materie** *nicht,* **der modernen Alchemie in Gestalt der neuzeitlichen Naturwissenschaften aber** *sehr wohl* **gelang.**

Währenddessen sind die Bestandteile der antiken Alchemie, die von der modernen Alchemie der Naturwissenschaft ausgeschlossen wurden, generell nicht mehr zum Zuge gekommen. Die Frage ist, ob und in welcher Weise das heute nachgeholt werden könnte und sollte, um eine dringend benötigte *Alternative* zu erkennen und zu entwickeln. Denn die braucht es offensichtlich sehr bald, um das immer Schlimmere noch zu verhindern.

Schlussfolgerung

Wenn die sich patriarchalisierende antike Alchemie gerade auch im Wunsch und Versuch der Manipulation der Materie zu höherem Sein bestanden hat, dann kann die neuzeitliche Naturwissenschaft mit ihrer Maschinen-Technik selbst als eine, nun allerdings „durchpatriarchalisierte", modernisierte, inzwischen sogar generalisierte und global verbreitete, ja als „die" Alchemie definiert werden.

Diese neue Alchemie muss mehr noch als ihre Vorgängerin heute dringend „sterben", weil sie im Gegensatz zur letzteren „qualitativ" (im Sinne von de-qualifizierend) und quantitativ so überaus erfolgreich bei der Manipulation der Materie war, jedoch nicht bei der Hervorbringung eines stabilen oder gar dauerhaften, geschweige denn allgemeinen höheren Seienden/ Seins(Zustands). Im Gegenteil, die moderne Alchemie ist eine Methode, um die Materie durch deren Manipulation – ihre sogenannte *„Mortifikation"* (mors = der Tod) – zu erniedrigen, zu vergewaltigen und, inzwischen bereits irreversibel, zu zerstören. Die darauf aufbauenden Neu-Schöpfungen sind davon nicht frei. Ihnen haftet der Makel der vorangegangenen Verbrechen und Zerstörungen an: Sie haben einen *nekrophilen Charakter*[86]. Daher kann auch keine Rede davon sein, dass der Naturwissenschaftler-Alchemist dadurch einen höheren Seins-Zustand bewirkt und erreicht, oder ihm dieser bzw. gar göttliche Befugnisse zustehen. Denn die Kunst, die er anwendet, kommt aus dem Krieg und ist *Kriegskunst,* sie ist ein Krieg gegen die lebendige Materie[87].

Ihr *Geheimnis* ist der Materie durch diese Alchemie auch keineswegs abgerungen worden. Im Gegenteil, dieses Geheimnis zeigt sich von seiner reaktiven Seite dadurch, dass die Materie einen Widerstand gegen die ihr aufgezwungene Behandlung durch ihr Absterben und *ihren Rückzug von der Erde* kundtut.

2. Zur modernen Alchemie und ihrer Verallgemeinerung

In der heutigen Naturwissenschaft wird normalerweise nicht mehr von Weisen, Göttinnen und Steinen gesprochen. Aber das höhere Sein soll trotzdem hergestellt werden, und überall wird nach einer Technik oder dem All-Mittel, dem nicht mehr so genannten „Stein der Weisen" dafür gesucht, und zwar nach und nach in allen gesellschaftlichen Bereichen – der „Weltformel":

- in Gestalt von *Gold/Geld/*Kapital, Maschinerie und Ware in der Ökonomie[88] als das Höhere, bzw. als der *„Stein der Weisen",* der die sofortige Umwandlung bzw. Zerstörung der angeblich niederen Subsistenz/ Natur und die prompte Ersetzung durch ihr Gegenteil bewirkt;

- in Gestalt der *Methode* des „teile, transformiere/setze neu zusammen und herrsche" bzw. einer „fortgesetzten ursprünglichen Akkumulation", die als Methode der gewaltsamen Trennung – der alchemistischen „*Mortifikation*" – und Neu-Zusammensetzung – dem „*Großen Werk*" – in Kolonial- und sonstiger Politik, im Staat und Krieg, in der Wissenschaft und Maschinen-Technik zur allgemeinen Voraussetzung gesellschaftlicher Organisation und sozialen Handelns geworden sind;

- in Gestalt der *metaphysischen* patriarchalen *Glaubensformen* und Religion/en: z. B. Jesus Christus als „Stein"[89], der die Gläubigen durch seine alchemistische Todeserfahrung und Wiedergeburt als „höherer Leib" angeblich für immer „*vom Bösen erlöst*" (hat), nämlich der angeblich niederen Natur des Leibes, sodass der Mensch als Gläubiger/Christ sich von aller möglichen Schuld – etwa dem Leben, dem Leib und der Erde gegenüber – befreit hat oder – mit alchemistischen Mitteln wie den Sakramenten – befreien kann.

Beispiele für alchemistische Verfahren sind, *sozial-institutionell* gesehen: zunächst die Inquisition und die auf ihr beruhenden Institutionen der Neuzeit[90] wie Justiz, Polizei, Anstalt, Medizin, Krankenhaus, Klein-Familie, Schule, Bürokratie, Fabrik, Armee…, welche die „Gemeinheit" (die Allgemeinheit) der „Konvivialität"[91], also des sozialen Zusammenhalts und der alten Formen von „Mutualität" und Solidarität zerstören/„mortifizieren" und kontraproduktiv ins Gegenteile wirken, wobei sie insbesondere die Spaltung und Ent-Solidarisierung der Menschen als „Individuen" bewirken.

Beispiele für alchemistische Verfahren sind, *technisch* gesehen: die moderne Maschinentechnik und die Zerstörungsmittel des militärisch-industriellen Komplexes, die Nuklear-„Alchemie"[92] und die neue „Militär-Alchemie"[93], die Techniken der modernen Medizin[94], die Produkte der Pharmakologie, die neuen Bio-Technologien diverser „Life Sciences", insbesondere der „synthetischen Biologie"[95], der „Algenie"[96], der Gen-, Reproduktions-[97] und, als neuestem, der Nanotechnologie[98] sowie, last but not least, die der Künstlichen Intelligenz und des künstlichen, „posthumanen" Lebens, der Robotik[99], die auf der zerstörerischen Transformation der lebendigen Materie und allgemein der Natur beruhen[100].

Beispiele für alchemistische Verfahren, *religiös* gesehen: die auf „Christus Lapis" beruhenden christlichen Sakramente, die, etwa durch die „Transmutation" beim Abendmahl, angeblich das „Böse" und die „Sünde" von den Gläubigen nehmen, dabei aber auf quasi „schwarz-magische" Weise nur das „Vergessen" und Auslöschen des Gefühls des Aufgehoben-Seins in der Verbundenheit alles Seienden, der „Großen Mutter/Göttin", bzw. allgemein der „Mutter Natur" voraussetzen und immer wieder bestätigen. Auf diese Weise kann das wirkliche „Böse" der auch persönlichen Beteiligung am alchemistischen Zerstörungs- und Transformationsprojektes dem Leben, dem Leib und der Erde gegenüber noch nicht einmal mehr erkannt, geschweige denn gespürt oder sein gelassen werden.

Alle modernen alchemistischen Verfahren versprechen das Gleiche wie die antike Alchemie: Reichtum, Glanz und Gold in Ewigkeit, militärischen Erfolg, technologische Überlegenheit, Kontrolle, Beherrschung und Ersetzung von Mensch, insbesondere Frau, und Natur durch „Höheres", ewige Jugend, Schönheit, Potenz, Gesundheit, Langlebigkeit, gar Unsterblichkeit – das Gute, Wahre und Schöne für alle – den angeblich besseren, perfekten und vollkommenen, von aller Schuld befreiten, gänzlich entwickelten „neuen Menschen".

Inzwischen geht es allerdings schon um seinem „transhumanen" Ersatz, der ebenso aus der Retorte kommen soll wie der paracelsische „Homunculus", oder wie der „posthumane" Superroboter, der nicht mehr aus „biologischem", sondern gänzlich künstlichem, beliebig produzierbarem „Leben"[101] hervorgehen soll, und das alles ohne Zutun von Frauen, Müttern, Leibern, Liebe und anderen, bisher notwendigen Kultur- und Naturbedingungen wie Zyklen, Rhythmen und den verschiedensten Verbundenheiten sowie den daraus hervorgehenden selbstschöpferischen Vorgängen – Formen von „natura naturans" – aller Art.

Aus der Abstraktion von lebendiger, selbstschöpferischer Natur sind also inzwischen Phantasien und Praktiken einer keine Rück-Sicht mehr nehmenden, patriarchalen *Alchemie pur* entstanden!

Die Alchemie dient als ehemals „königliche", ja „göttliche" Kunst (Schütt, S. 40) und Wissenschaft im Sinne einer „Schöpfung" auch heute ganz offensichtlich vor allem den Bedürfnissen der Oberschichten, wenngleich im Unterschied zur Antike die allgemeine Bevölkerung, inzwischen sogar im Weltmaßstab, ebenfalls nach diesem merkwürdigen Luxus streben und im Rahmen der kapitalistischen Warenproduktion über den Markt ganz „demokratisch" Zugang zu ihm bzw. seiner Mimikri haben soll. Auch der militärische Charakter mancher alchemistischer Unternehmungen, wie das der Waffenschmiede[102], gehört keineswegs der Vergangenheit an. Im Gegenteil, er ist in der Neuzeit immer hervorstechender geworden.

Die Alchemie als Methode ist in der Moderne nicht mehr eine elitäre Angelegenheit kleiner Minderheiten, sondern zur allgemeinen Technik und zum großen Geschäft geworden, im Krieg wie im „Frieden", der dadurch nicht mehr erreicht wird...

Der Charakter moderner Alchemie erweist sich inzwischen sogar als *„weaponization"*[103], also als ein Prozess, in dem der *Waffencharakter* des Kapitals, des Geldes und der Maschinerie, der Waren, Institutionen, Glaubensformen und individuellen/kollektiven Verhaltensweisen, in denen er sich immer mehr verallgemeinert, stetig zunimmt. Der „Nutzen", den diese sich erneut und weiter *militarisierende Alchemie* stiftet, ist allerdings zunehmend auf die Herrschenden im Sinne der „1 %" beschränkt, wie es die „Occupy"-Bewegung nennt. Und die neuen „Schöpfer", „Er-Zeuger" und Erfinder bekommen damals wie heute für ihre Leistungen auch eventuell den erhöhten Status, den „höheren Seins-Zustand" zugebilligt, der sonst nur der Oligarchie, dem höheren Offizierskorps, den Oberpriestern sowie einem „Adel" oder „höheren" Beamtentum sowie der Plutokratie vorbehalten war[104]. Aber inzwischen erweist sich dieses Privileg selbst unter den Privilegierten als Bumerang: Auch dieser Teil der „schönen neuen Welt" der Sieger und Gewinner ist ein Kriegsschauplatz[105].

Die Fakten, die den Weg des Scheiterns der Moderne pflastern, sind inzwischen Legion und in derart atemberaubendem Umfang vorhanden, dass die Menschen überall eigentlich längst in Panik ausgebrochen sein müssten. Dass dies so oder noch nicht in größerem Umfang der Fall ist, hat damit zu tun, dass die *Moderne als „Projekt"* und dessen Logik sowie Konsequenzen in allen Bereichen logischerweise von ihren Befürwortern *nicht angemessen und zusammenhängend dargestellt und von der Allgemeinheit nicht richtig „verstanden" werden (sollen).* Die Ziele und Gewalttaten dieses Projektes werden von der Mehrheit ohnehin für „normal" und „immer schon" bestehend gehalten. Und selbstverständlich besteht dort kein Interesse an einem anderen Verständnis dieses Projektes, wo man durch und von ihm lebt, bisher an ihm verdient hat und/oder mit ihm an die Macht gekommen ist und noch kommen will: ja, für „die da oben" geht es dabei um nichts Geringeres als die buchstäbliche Weltherrschaft!

Man kann diese letzte Krise der westlichen Zivilisation, das Scheitern ihres globalen Projektes, inzwischen fühlen, ja „riechen", und zwar auch dort, wo sie noch nicht „messbar" ist. Sie ist da als ein überall sich ausbreitendes neuartiges *Unbehagen,* eine tiefe Verunsicherung, was die gesellschaftliche Ordnung, ja sogar die Naturordnung angeht. Sie ist aber auch da als ein sich Anklammern an die Moderne als Projekt und als ein Misstrauen gegen diejenigen, welche die Moderne sogar infrage stellen. Und die Krise ist schließlich da als ein beginnendes sich Abwenden von und als der beginnende Ausstieg aus der modernen Zivilisation.

3. Zusammenfassung:
Die „Zivilisation der Alchemisten" – am Ende (und) alternativlos?

Es ist inzwischen davon auszugehen, dass die moderne Zivilisation die Welt systematisch zerstört, anstatt eine bessere Welt und höhere Zivilisation zu schaffen, wie sie behauptet. Damit ist die Moderne als utopisches „Projekt" der Schaffung einer „besseren Welt" am Ende. Es muss ihr daher möglichst bald eine neue Zivilisation nachfolgen, die in allen Dimensionen einen gänzlich anderen Charakter hat.

Selbstverständlich ist die Bezeichnung „Zivilisation der Alchemisten" nicht nur nicht „anerkannt", sondern vollständig unbekannt, ja wird bei vielen ein verständnisloses Kopfschütteln oder sogar massiven Widerstand auslösen. (z.B. bei Ökonomen und Technikern, Naturwissenschaftlern, Alchemie-Theoretikern und -Historikern, Paracelsus-Anhängern und Medizinern, Psychoanalytikern und Soziologen, Utopieforschern, Theologen und Philosophen wie etwa Sloterdijk). Denn ein solcher Begriff berührt ebenso Jahrtausende alte wie moderne Tabus, massivste Interessen, das buchstäblich Unaussprechliche, kollektiv Unbewusstes, immer Verdrängtes bzw. als unhintergehbar Vorausgesetztes sowie alles, was unvorstellbar, ungedacht, ja undenkbar gewesen ist…

Tatsächlich mögliche Alternativen erscheinen daher nicht im Blickfeld und werden theoretisch ebenso wie praktisch ausgeblendet, obwohl sie vor allem in gesellschaftlichen Randbereichen längst von außen unerkannt und noch bruchstückhaft-prekär zu existieren begonnen haben in einem Ausmaß und mit einer Dynamik, die wir allerdings noch nicht kennen oder einschätzen können[106].

Das Projekt einer „*Großen Transformation*" der Welt, das in der Neuzeit seine heute gültige und – wie wir inzwischen sehen – buchstäblich verheerende Gestalt angenommen hat, beruht einerseits auf kumulativen technischen, militärischen, ökonomischen und politischen Erfahrungen, Zielformulierungen und Denk-Modellen aus der mehrtausendjährigen, aber auch jüngsten Geschichte des Patriarchats, das die zeitliche *Kontinuität* dieser Entwicklung immer wieder garantiert hat.

Andererseits ist innerhalb der großen und regional höchst unterschiedlichen Schwankungen dieser Entwicklung mit der Neuzeit, ganz konkret mit der Moderne, also vor rund 200 Jahren, ein gewaltiger *Bruch* innerhalb dieses Projekts eingetreten. Dieser Bruch war aber gerade nicht ein Bruch mit dem „alchemistischen" Projekt selbst, sondern – umgekehrt – mit den Hindernissen, die seiner Realisierung immer noch im Wege standen: insbesondere den Resten einer *„zweiten Kultur"* bzw. Zivilisation, letztlich der des Matriarchats. Aber auch das Patriarchat selbst wurde in dieser Zeit modernisiert, ein deutlich europäischer Vorgang, und seinerseits von vormodernen Bestandteilen befreit.

Dieser Bruch hat es erst ermöglicht, dass sich ein nun **modernes, „rein" patriarchal-alchemistisches Kern-Projekt in Europa durchsetzen konnte. Dieses Projekt war, seiner Grundidee nach, seit dem Entstehen des Patriarchats vorhanden** und in früheren Jahrhunderten, ja Jahrtausenden immer wieder gescheitert, was die Versuche seiner breiteren praktischen Umsetzung angeht. Es ist daher wichtig, die Gründe für dieses frühere Scheitern herauszuarbeiten, wie es hier angedeutet worden ist, um daraus Schlüsse für das heutige Scheitern desselben Projektes, das ja, umgekehrt zu früher, gerade ein Welterfolg geworden ist, zu ziehen.

Das Ziel des alchemistischen Projektes war und ist utopisch, ir-rational, illusionär, idealistisch, an Jenseitsvorstellungen orientiert, ja hybrid und wahnhaft und lässt sich unter irdischen Bedingungen trotz und wegen seiner Art von (materie-feindlichem) „Materialismus" nicht verwirklichen.

Die Transformation der Welt/Natur in eine andere, angeblich „höhere", „edlere" und „bessere" zweite oder „Übernatur" ist das wichtigste Ziel der Alchemie seit ihrer Patriarchalisierung in der Antike. Es handelt sich also um den Versuch einer Art „Schöpfung" bzw. Neu-Schöpfung der Materie, des Seienden und des Seins selbst.

Die Alchemie ist derart eine patriarchale Zeugungstheorie und -praxis, die sich im Prinzip jenseits der Naturgegebenheiten und -zyklen ans Werk macht, und dabei letztlich eine Unabhängigkeit vom Naturgeschehen insgesamt anstrebt. Deses Vorhaben und Vorgehen galt und gilt jedoch als „rational" schlechthin!

Ein solches patriarchales Verständnis von Rationalität existiert seit der Antike, und es hat sich daran bis heute im Grundsatz nichts geändert[107].

Die Kennzeichnung der modernen Zivilisation als „alchemistische" soll also auf die *geschichtliche Tiefendimension* des Phänomens ebenso verweisen wie auf sein inzwischen zu erkennendes „notwendiges" *Scheitern heute*.

Es ist also meine These, dass die *Moderne und die Maschine keineswegs einen Abschied von der Alchemie bedeutet haben*. Sondern im Gegenteil, die

Durchsetzung der alchemistischen methodischen Grundprinzipien des „teile, tranformiere und herrsche" und der *Niederringung* bzw. *Überwindung des „Geheimnisses der Materie"*, das auf breitester Front in nahezu allen gesellschaftlichen Bereichen erfolgt ist, ist dadurch erst *vorübergehend* (und) *scheinbar* möglich geworden.

Dadurch macht sich heute das Grundproblem der Alchemie in allen ihren patriarchalisierten Formen wieder unüberhörbar bemerkbar: nämlich dass das **Geheimnis der Materie in Wirklichkeit nur beiseite geschoben und missachtet wurde.**

Dieser „andere Blick" auf das Geschehen ist aber nur unter Zuhilfenahme unseres neuen und erweiterten Patriarchats-Begriffs möglich.

Nur aus einer patriarchatsanalytischen und -kritischen Perspektive ist die Alchemie, die auch ihren zeitgenössischen Freunden immer noch Rätsel aufgibt, überhaupt zu verstehen. Denn nun ist zu erkennen, dass die ungeheure Breite der Alchemie als „Wissenschaft" sowie ihre Ambivalenzen, ja bisher unerklärlichen oder gar nicht bemerkten inneren Widersprüche das Ergebnis ihrer geschichtlichen Entwicklung sowie von deren Brüchen und Widersprüchen seit dem Auftreten des Patriarchats als sich ausbreitender Gesellschaftsordnung sind.

Diese Entwicklung der und zur Alchemie, dem ursprünglich u.a. sogenannten „schwarzen Nilschlamm", begann ja etwa als Gartenbaukultur innerhalb *matriarchaler* Zivilisationen, dem Namen nach im vorpharaonischen Ägypten, dem feuchten, „schwarzen Land" des Mondes.

Mit der kriegerischen Eroberung der matriarchalen Zivilisationen[108] durch bewaffnete Invasoren vom Norden und – je nachdem – Osten oder Westen her, begann die „Patriarchalisierung" der eroberten Gesellschaften, und mit ihr auch die der Alchemie. Damit fing eine Zeit an, in der die Natur – zusammen mit den Müttern und Frauen – zum ersten Mal tendenziell als ein Gegenüber definiert wurde. Aber die antike, bereits weitgehend patriarchale, Alchemie definiert sich teilweise immer noch im Bezug zu vorpatriarchalen „Wissenschaften", Techniken und Kulturen, wie etwa auch dem Schamanismus, der zehntausende von Jahren vorher schon existierte, nämlich in „illud tempus"[109], jener unvordenklich alten Zeit, die heute bloß als Vorgeschichte gilt, und in der wir, zeitlich gesehen, die ursprünglichen matriarchalen Gesellschaften und Zivilisationen verorten.

Es ist daher sinnvoll, die Alchemie unter dieser Perspektive zu „periodisieren". Die neuen, patriarchalen Anteile heben sich nämlich zunächst deutlich ab von den älteren matriarchalen. Es kann dadurch **eine matriarchale**

von einer – zumindest verbal – gemischt quasi „matriarchal"-patriarchalen und einer rein patriarchalen Alchemie unterschieden werden.

Von der ersteren wissen wir relativ wenig, weil sie keine eigenen Aufzeichnungen, wenn auch heute bekannte und teilweise immer noch vorhandene Traditionen hinterlassen hat, wie den Schamanismus, die Heilkunst, den Gartenbau und die Agrarkultur, den Umgang mit Ernährung, Sexualität, Schwangerschaft und Mutterschaft, den Ahnenkult, die Astronomie/Astrologie, die „Frauenpraxis" eines „Vamacara", den Tantrismus, Taoismus, die Magie, Pflanzenalchemie/Alchemie mit tierischen Stoffen/ Wasseralchemie, rituelle Gold-, Silber- und Kupferbearbeitung, Farben-, Textilien- und Schmuckherstellung… Diese matriarchale Alchemie ist unter anderem aus ihrer Vermischung mit patriarchalen Elementen wenigstens in Grundsätzen oder teilweise „rekonstruierbar", vorausgesetzt, wir haben Begriffe von matriarchaler Gesellschaft, Kultur und Zivilisation.

Gerade die **„gemischte" Alchemie, die wir von der Antike bis zur frühen Neuzeit in diversen Varianten in weiten Teilen der Welt** vorfinden, ist diejenige, deren Scheitern am Ende feststand. Sie ist aber, so meine These, nicht an ihrem matriarchalen, sondern ihren im Wesentlichen patriarchalen Anteilen gescheitert, nämlich am *„Ringen mit dem Geheimnis der Materie"* *zum Zwecke der „Manipulation der Materie zu einem höheren Sein"*, das dadurch schließlich auch für den Adepten, den Alchemisten persönlich, erreichbar werden sollte. Die **„rein" patriarchale Alchemie der Moderne**, schließlich, muss daher umso mehr scheitern, als sie alle matriarchalen Anteile beseitigt hat und außerdem so „erfolgreich" ist, dass sie in kürzester Zeit den ganzen Erdball in eine nie gekannte Krise gestürzt hat.

Es hat bis jetzt offenbar aber noch kaum jemand bemerkt, dass das Ziel der Manipulation der Materie zu einem höheren Sein ein typisch patriarchales ist und keineswegs mit den matriarchalen Seiten der Alchemie vereinbar (gewesen) sein kann. Stattdessen wird dieses Ziel gar nicht als „patriarchal", also im Widerspruch zu etwas anderem erkannt, sondern stets als selbstverständliches und allgemeines, quasi „neutrales" Ziel vorausgesetzt.

Bis heute ist in der Literatur zur Alchemie der Eindruck vorherrschend, dass die Alchemie gerade nicht an diesem Ziel als solchem gescheitert ist, gegen das im Prinzip auch gar keine Argumente vorgebracht werden. Dieses Ziel wird nicht seinem Inhalt nach, sondern höchstens in der Formulierung abgelehnt. So wird das Ziel der Alchemie keineswegs als illusorisch oder gewalttätig verstanden. Die Alchemie scheint daher nicht an ihrem Ziel selbst, sondern an einer ihr unterstellten und auch vorhandenen eigentümlichen Irrationalität gescheitert zu sein, die sowohl ihre Weltanschauung wie auch ihre Methoden kennzeichnet, nämlich einem Wirrwarr aus „Aberglauben", „Magie", „Mystik", Werten, Teleologien[110], Ängsten vor Tabubrüchen, religiösem Erlösungsstreben, subjektiv unüberprüfbaren und nicht wiederholbaren Verfahren, Mangel an Abstraktion, der Berücksichtigung grenzenloser Verbundenheiten, der Betonung von Qualitäten, Scheinerfolgen und „Kosmologien".… Dabei dürften die „intersubjektiv" nicht immer nachvollziehbaren Verfahren und ihre teilweise Unvergleichbarkeit nicht einfach der Irrationalität, sondern auch der Absicht der Alchemisten geschuldet sein, ihre Geheimnisse nicht der „Konkurrenz" zu verraten, die mit ihnen um die Gunst beim Herrscher, am Hofe, bei Fürsten und anderen Mächtigen sowie Geldgebern rangen (und ringen)…

Die generell auch qualitativen, allgemein als „irrational" definierten Bestrebungen der vormodernen Alchemie entstammen allerdings zum Teil ihrer matriarchalen Vergangenheit und sind nur aus patriarchaler, insbesondere moderner Sicht irrational, zum Teil sind sie patriarchal überformt und verdreht und daher sowohl aus matriarchaler wie moderner Perspektive irrational. Aber an ihnen ist die Alchemie insofern gerade nicht gescheitert, als sie zum Großteil gar nicht der Manipulation der Materie, geschweige denn der Herstellung von deren „höherem Sein" dienten, sondern eher eine Weltsicht/Welterfahrung/Theorie beschrieben, der entsprechend man mit der Materie umzugehen bemüht war.

Die patriarchale Zeugung jenseits von Naturgeschehen und Mutterleib, das Gold- und „Leben-Machen", das der Alchemie nicht gelang, gehört jedenfalls nicht zu ihren matriarchalen Seiten. Im Gegenteil, aus matriarchaler Sicht sind eben diese „irrational"!

Weiter ist es meine These, dass kein Problem darin gesehen wurde, die patriarchalen Anteile der Alchemie – insbesondere das Ziel einer erfolgreichen Manipulation der Materie – die wiederum nicht als patriarchale (also besondere), sondern als Selbstverständlichkeiten betrachtet wurden, in die Neuzeit hineinzunehmen in der *Annahme, dass die Beseitigung von allen möglichen Irrationalitäten in den dazugehörigen Verfahren gereicht hätte, um nun „die" Alchemie, nämlich als gescheiterte, hinter sich zu lassen. Stattdessen wurden damit nun im Prinzip genau die Anteile der Alchemie übernommen, die wirklich gescheitert waren, nämlich die patriarchalen.*

Meine These von der „Zivilisation der Alchemisten" bezieht sich damit auf das Ergebnis der erfolgten „Durchpatriarchalisierung" der Alchemie in Neuzeit und Moderne, also der Säuberung ihres Kerns von allen als überflüssig erachteten qualitativen Bezügen und wertendem Beiwerk und insbesondere ihren matriarchalen Wurzeln.

Würde man sagen: „Die Zivilisation der Alchemistinnen", dann könnte damit allerdings auf die matriarchalen Vorläufer der uns bekannten Alchemie/n verwiesen werden mit der Idee, dass es *heute darum gehen könnte, sich der matriarchalen Anteile der Alchemie wieder zu besinnen, um an ihnen anknüpfend eine neue, nicht mehr patriarchale Zivilisation zu beginnen.* Es müsste gelingen, einige Grundprinzipien davon für heute wieder zu formulieren und auch praktisch handhabbar zu machen.

Fest steht inzwischen jedenfalls, dass die moderne (Natur)Wissenschaft, Politik, Technik, Religion und Ökonomie als patriarchale Alchemie der Moderne mit ihrer Form des zerstörerischen Umgehens mit dem „Geheimnis der Materie" und der Art ihrer Manipulation, also der angestrebten „Großen Transformation" von Natur und Gesellschaft, bzw. der „Schöpfung aus Zerstörung", etwa im Prozess der Kapitalakkumulation, kein akzeptables, ja noch nicht einmal ein mögliches Zukunftsprojekt ist.

Aus dem patriarchalen Wahn, die Welt durch ihr Gegenteil ersetzen zu können und dafür zerstören zu dürfen, muss es endlich ein Erwachen geben.

Anmerkungen

1 z.B. Daly, Corea, Merchant, Fox Keller, Mies.
2 vgl. Werlhof 2010a
3 s. Werlhof 2011a
4 vgl. Werlhof 1996.
5 vgl. Werlhof 2011b.
6 vgl. Werlhof 2011b.
7 vgl. z.b. Arbeitsgruppe 1979, Bennholdt-Thomsen 1982, Werlhof 1985, Mies 1986, Werlhof 1991a.
8 Wallerstein
9 Werlhof 1991b, Mies/ Shiva 1995,
10 Genth 2002
11 Gambaroff u.a. 1986
12 Werlhof 2010b, 2011a/ b/c
13 Bertell 2011a, b
14 Bertell 2011b
15 Jung 2001
16 Werlhof 2010c
17 UNO 1977
18 Illich 2006
19 vgl. Werlhof 2009a, 2011b
20 zuletzt Werlhof 2012
21 Behmann 2009
22 s. Genth 2009
23 Göttner-Abendroth 1988
24 Göttner-Abendroth 2006, 2009, 2012
25 Kumar 2007, Shiva 2006, Medina 2010, Akhter 2011, Esteva 2011
26 vgl. Werlhof 2010b
27 Werlhof 2011a
28 Genth 1996
29 Werlhof 2011c
30 vgl. bes. Mies 1986/8; Federici 2004
31 Ullrich 1977
32 Polanyi
33 Marx
34 Merchant
35 Tazi-Preve
36 Bertell 2011

37 Werlhof 2011a
38 Holloway
39 Schirrmacher 2001
40 Werlhof u.a. 2003
41 Mies 2003
42 Dieckvoss 2003
43 Genth 2002
44 s.a. Hercksen 2010
45 „vgl. Projektgruppe „Zivilisationspolitik" 2009 und 2011
46 Schütt 2000
47 Schütt, S. 11
48 Schütt, Klappentext
49 Schütt, S. 12
50 ebenda
51 a.a.O., S. 177
52 z.b. Gebelein, Eliade, Baigent und Leigh, Haage, Evola, Roob, Suhr
53 Wolf, D., Chattopadhyaya, Straube
54 Goethe, Jaeger, Wagner, Merchant, Daly, Fox Keller, Federici
55 Rifkin
56 Schütt, S. 11
57 Theia Techné, Schütt, S.546
58 Schütt, S. 11
59 vgl. James
60 CERN, 5.7.2012
61 Wagner
62 Straube, James
63 Werlhof 2010d
64 Hunke
65 Wagner
66 vgl. Benjamin
67 vgl. Baigent/Leigh
68 vgl. Genth 2002
69 Werlhof 2007, Behmann 2009
70 James, Derungs, Göttner-Abendroth
71 Freud, Seligmann
72 Mies 1984
73 Wahrig

74 „Magier"; Gen-ergie, „Gyn"-ergie, vgl. Daly
75 „symbolon", v. Braun
76 Wagner
77 Werlhof 2009b
78 vgl. Straube
79 R. Bacon
80 da Vinci
81 Kepler, Galilei
82 F. Bacon, Descartes
83 Newton
84 vgl. dazu Wagner, Mumford, Genth 2002, Unseld
85 Schütz-Buenaventura
86 vgl. Bloch
87 Collard/ Contrucci
88 Goethe, Jaeger, Binswanger
89 Christus Lapis, vgl. Jung 1994
90 Kimmerle, Federici
91 Illich
92 Wagner, Easlea, Caldicott
93 Bertell, Werlhof 2011 und 2012
94 Bergmann
95 Venter
96 Rifkin
97 Wolf, M., Werlhof 2010e
98 Schirrmacher
99 Weizenbaum
100 Chargaff
101 Duden
102 Eliade
103 Philipps
104 Mumford
105 Wittenborn, Grossman
106 vgl. Projektgruppe „Zivilisationspolitik" 2009, 2011
107 Kimmerle, Behmann 2011
108 D. Wolf, Gimbutas, Dieckvoss
109 Schütt 540f
110 Schütt 540f

Literatur

Akhter, Farida: Samenkörner sozialer Bewegungen, Freiburg, Centaurus 2011

Arbeitsgruppe Bielefelder Entwicklungssoziologen: Subsistenzproduktion und Akkumulation, Saarbrücken, SSIP/Breitenbach 1979

Baigent, Michael und **Leigh**, Richard: Verschluss-Sache Magie, München, Droemer/Knaur 1997

Behmann, Mathias: Idee und Programm einer *Matriarchalen Natur-* und *Patriarchatskritischen Geschichtsphilosophie*. Zur Grundlegung der Kritischen Patriarchatstheorie angesichts der *‚Krise der allgemeinsten Lebensbedingungen'*, in: Projektgruppe 2009, S. 107-177

Behmann, Mathias: Giordano Bruno im Kontext der Kritischen Patriarchatstheorie, in: Projektgruppe 2011, S. 111-136

Bennholdt-Thomsen, Veronika: Bauern in Mexiko. Zwischen Subsistenz und Warenproduktion, Frankfurt a. M., Campus 1982

Benjamin, Walter: Kapitalismus als Religion [Fragment], in: Gesammelte Schriften, Hrsg.: Rolf Tiedemann und Hermann Schweppenhäuser, Frankfurt a. M., Suhrkamp, 1991, Bd. VI, S. 100 – 102

Bergmann, Anna: Der entseelte Patient. Die moderne Medizin und der Tod, Berlin, Aufbau-Verlag 2004

Bertell, Rosalie 2011a: Kriegswaffe Planet Erde, Gelnhausen, J. K. Fischer 2011

Bertell, Rosalie 2001b: Wie unser Planet langsam zum Wrack gemacht wird, in: Projektgruppe 2011, S. 369-378

Binswanger, Hans Christoph: Geld und Magie. Deutung und Kritik der modernen Wirtschaft anhand von Goethe´s „Faust", Stuttgart/Wien, Weitbrecht 1985

Bloch, Ernst: Naturrecht und menschliche Würde, Frankfurt a. M., Suhrkamp 1991

Braun, Christina von: Nicht Ich. Logik, Lüge, Libido, Frankfurt a.M., Neue Kritik 1990

Caldicott, Helen: The New Nuclear Danger. George Bush´s Military Industrial Complex, New York, The New Press 2002

CERN: Jubel in Genf: Startschuss für den Urknall. Genfer CERN-Zentrum startet Teilchenbeschleuniger LHC, dpa 10.09.2008/zuletzt ARD 5.7.2012

Chargaff, Erwin: Unbegreifliches Geheimnis. Wissenschaft im Kampf für und gegen die Natur, Stuttgart, Klett-Cotta 1988

Chattopadhyaya, Debiprasad: Lokayata. A Study of Ancient Indian Materialism, New Delhi, Peoples Publishing House 1959

Collard, Andrée und **Contrucci**, Joyce: Die Mörder der Göttin leben noch. Rape of the Wild, München, Frauenoffensive 1989

Corea, Gena: MutterMaschine. Reproduktionstechnologien von der künstlichen Befruchtung zur künstlichen Gebärmutter, Berlin, Rotbuch 1986

Daly, Mary: GynÖkologie. Eine Metaethik des radikalen Feminismus, München, Frauenoffensive 1981

Derungs, Kurt: Naturverbundenheit als Zweite Kultur, in: Projektgruppe 2011, S. 309-329

Dieckvoss, Gerd: Wie kam Krieg in die Welt? Ein archäologisch-mythologischer Streifzug, Hamburg, Konkret 2003

Duden, Barbara: Der Frauenleib als öffentlicher Ort. Vom Missbrauch des Begriffs Leben, Hamburg/Zürich, Luchterhand 1991

Easlea, Brian: Väter der Vernichtung. Männlichkeit, Naturwissenschaftler und der nukleare Rüstungswettlauf, Reinbek, Rowohlt 1986

Eliade, Mircea: Schmiede und Alchemisten, Stuttgart, Klett Cotta 1980 (neu 1992)

Esteva, Gustavo: Der laufende Aufstand, in: Projektgruppe 2011, S. 233-272

Evola, Julius: Die Hermetische Tradition. Von der alchemistischen Umwandlung der Metalle und des Menschen in Gold. Entschlüsselung einer verborgenen Symbolsprache, München, Ansata, 2001 (3. Aufl.)

Federici, Sylvia: Caliban and the Witch. Women, the Body and Primitive Accumulation, New York, Autonomedia, 2004

Fiedeler, Frank: Die Monde des I Ging. Symbolschöpfung und Evolution im Buch der Wandlungen, München, Diederichs 1988

Fox-Keller, Evelyn: Liebe, Macht und Erkenntnis. Männliche oder weibliche Wissenschaft? München/Wien, Hansa 1986

Freud, Sigmund: Totem und Tabu. (Einige Übereinstimmungen im Seelenleben der Wilden und der Neurotiker) (1912), III. Animismus, Magie und Allmacht der Gedanken, in: Ders.: Fragen der Gesellschaft – Ursprünge der Religion, Frankfurt, Fischer 1974

Gambaroff, Marina u.a.: Tschernobyl hat unser Leben verändert. Vom Ausstieg der Frauen, Reinbek, Rowohlt 1986

Gebelein, Helmut: Alchemie. Die Magie des Stofflichen, München, Diederichs 1996 (2. Auflage)

Genth, Renate: Matriarchat als zweite Kultur, in: Werlhof/Schweighofer/Ernst (Hrsg.): Herren – Los. Herrschaft –Erkenntnis-Lebensform, Frankfurt a. M./New York, 1996, Peter Lang, S. 17-38

Genth, Renate: Über Maschinisierung und Mimesis. Erfindungsgeist und mimetische Begabung im Widerstreit und ihre Bedeutung für das Mensch-Maschine-Verhältnis, Frankfurt a. M., Peter Lang, Beiträge zur Dissidenz 10, 2002

Genth, Renate: Zivilisationskrise und Zivilisationspolitik, in: Projektgruppe 2009, S. 31-57

Gimbutas, Marija: Die Zivilisation der Göttin. Die Welt des alten Europa, Frankfurt a. M, Zweitausendeins, 1996

Goethe, Johann Wolfgang von: Faust 2, Stuttgart, Reclam 2001

Göttner-Abendroth, Heide: Das Matriarchat I. Geschichte seiner Erforschung, Stuttgart, Kohlhammer 1988

Göttner-Abendroth, Heide (Hrsg.): Gesellschaft in Balance. Dokumentation des 1. Weltkongresses für Matriarchatsforschung 2003 in Luxemburg, Stuttgart, Kohlhammer 2006

Göttner-Abendroth, Heide (Ed.): Societies of Peace. Matriarchies past, presence and future, Toronto, Inanna 2009

Göttner-Abendroth, Heide: Matriarchal Societies. Studies on Indigenous Cultures Across the Globe, New York, Peter Lang 2012

Grossman, Dave: On Killing. The Psychological Cost of Learning to Kill in War and Society, Boston/New York/London, B&T, Little, Brown Book Group 1996

Haage, Bernhard Dietrich: Alchemie im Mittelalter. Ideen und Bilder – von Zosimos bis Paracelsus, Zürich/Düsseldorf, Artemis & Winkler 1996

Hercksen, Bernd: Vom Urpatriarchat zum globalen Crash? Der Aufstieg einer verkehrten Welt und die Suche nach der richtigen, Shaker media 2010

Holloway, John: Die Welt verändern ohne die Macht zu übernehmen, Münster, Westfälisches Dampfboot 2006

Hunke, Sigrid: Glauben und Wissen. Die Einheit europäischer Religion und Naturwissenschaft, Düsseldorf, G. Olms 1979

Illich, Ivan: In den Flüssen nördlich der Zukunft, München, C.H. Beck 2006

Jaeger, Michael: Global Player Faust oder Das Verschwinden der Gegenwart. Zur Aktualität Goethes, Berlin, wjs 2008

James, Edwin O.: Der Kult der Großen Göttin, Bern, Amalia 2003

Jung, Carl Gustav: Erlösungsvorstellungen in der Alchemie, Grundwerk Band 6, Heitersheim/ CH, Walter 1994, 4. Auflage

Jung, Carl Gustav: Paracelsus, Alchemie und die Psychologie des Unbewussten, Klein-Königs-förde, Königsfurt-Urania 2001

Kimmerle, Gerd: Hexendämmerung. Studie zur kopernikanischen Wende der Hexendeutung, Tübingen, Konkursbuch Verlag 1980

Kumar, Corinne (Ed.): Asking we walk. The south as new political imaginary, 2 Bände, Bangalore, Streelekha 2007

Marx, Karl: Das Kapital, 1. Band, in: Marx Engels Werke, Bd. 23, Berlin, Dietz Verlag 1974

Medina, Javier: Mirar con los dos ojos. Gobernar con los dos cetros. Insumos para profundizar el Proceso de Cambio como un diálogo de matrices civilizatorias, La Paz, Garza Azul 2010

Merchant, Carolyn: Der Tod der Natur. Ökologie, Frauen und neuzeitliche Naturwissenschaft, München, C.H. Beck 1987

Mies, Maria: Patriarchat und Kapital. Frauen in der internationalen Arbeitsteilung, (engl. London 1986) Zürich, Rotpunkt 1988

Mies, Maria: Tantra – Magie oder Spiritualität? In: Beiträge zur feministischen Theorie und Praxis, 12/1984, Köln, Eigenverlag Verein Sozialwissenschaftliche Forschung und Praxis für Frauen, S. 82-98

Mies, Maria: Über die Notwendigkeit, Europa zu entkolonisieren, in: Werlhof, Claudia von/Bennholdt-Thomsen, Veronika/Faraclas, Nicolas: Subsistenz und Widerstand. Alternativen zur Globalisierung, Wien, Promedia 2003, S.19-40

Mies, Maria: Krieg ohne Grenzen. Die neue Kolonisierung der Welt, Köln, PapyRossa 2004

Mies, Maria und **Shiva,** Vandana: Ökofeminismus, Zürich, Rotpunkt 1995

Mumford, Lewis: Mythos der Maschine. Kultur, Technik und Macht, Frankfurt a. M., Fischer 1977

Needham, Joseph und **Herbster,** Rainer: Wissenschaft und Zivilisation in China, Frankfurt a. M., Suhrkamp 1984

Philipps, Jeff: Geo-Terrorism: The Weaponization of 'Industrial Accidents', `Natural Disasters' and 'Environmental Engineering', 4, 2011, http://geo-terrorism.blogspot.co.nz/2012/05/global-radio-logical-catastrophe-and.html

Polanyi, Karl: The Great Transformation. Politische und ökonomische Ursprünge von Gesellschaften und Wirtschaftssystemen, Frankfurt a. M., Suhrkamp 1978

Projektgruppe „Zivilisationspolitik": Aufbruch aus dem Patriarchat – Wege in eine neue Zivilisation? Frankfurt a. M., Peter Lang, Beiträge zur Dissidenz 23, 2009

Projektgruppe „Zivilisationspolitik" (Hrsg.): Kann es eine 'neue Erde' geben? Zur „Kritischen Patriarchatstheorie" und der Praxis einer postpatriarchalen Zivilisation, Frankfurt a. M., Peter Lang, Beiträge zur Dissidenz 27, 2011

Rifkin, Jeremy: Genesis Zwei. Biotechnik – Schöpfung nach Maß, Reinbek, Rowohlt 1986

Roob, Alexander: Alchemie & Mystik. Das Hermetische Museum, Köln/London/New York, Taschen Verlag 1996

Schirrmacher, Frank (Hrsg.): Die Darwin AG. Wie Nanotechnologie, Biotechnologie und Computer den neuen Menschen träumen, Köln, Kiepenheuer & Witsch, 2001

Schütt, Hans Werner: Auf der Suche nach dem Stein der Weisen. Die Geschichte der Alchemie, München, C. H. Beck 2000

Schütz-Buenaventura, Ilse: Die Vergesellschaftung des destruktiven Konstruktivismus, in: Werlhof, Claudia von/Schweighofer, Annemarie/Ernst, Werner (Hrsg.): Herren – Los, Frankfurt a. M, Peter Lang 1996, S. 270-301

Seligmann, Kurt: Das Weltreich der Magie. 5000 Jahre Geheime Kunst, Wiesbaden, R. Löwit o. D. (engl. Orig. 1948)

Shiva, Vandana: Erd-Demokratie, Zürich, Rotpunkt 2006

Sloterdijk, Peter: Du musst Dein Leben ändern, Frankfurt a. M., Suhrkamp 2009

Straube, Ingrid: Die Quellen der Philosophie sind weiblich, Aachen, ein-Fach 2001

Suhr, Dierk: Die Alchemisten. Goldmacher, Heiler, Philosophen, Ostfildern, Jan Thorbecke Verlag der Schwabenverlag AG, 2006

Tazi-Preve, Irene: Mutterschaft im Patriarchat. Mutter(feind)schaft in politischer Ordnung und feministischer Theorie, Frankfurt a. M., Peter Lang 2004, Beiträge zur Dissidenz 14, Kap.3, 6, 9.

Ullrich, Otto: Technik und Herrschaft, Frankfurt a. M, Suhrkamp 1977

Ullrich, Otto: Weltniveau. In der Sackgasse des Industriesystems, Berlin, Rotbuch 1980

UNO: Environmental Modification (ENMOD) Convention. Convention on the Prohibition of Military or Any Other Hostile Use of Environmental Modification Techniques, signed 18 May 1977, Genf

Unseld, Godela: Maschinenintelligenz oder Menschenphantasie? Ein Plädoyer für den Ausstieg aus unserer technisch-wissenschaftlichen Kultur, Frankfurt a. M., Suhrkamp 1992

Venter, Craig in: Posener, Alan: Wir sind Gott! Es ist eine Jahrtausendsensation. Genetiker erschaffen Kunst-Lebewesen, in: Welt am Sonntag, Hamburg 23.5.2010

Wagner, Friedrich: Weg und Abweg der Naturwissenschaft, München, C.H. Beck 1970

Wahrig, Paul: Deutsches Wörterbuch, München, Mosaik Verlag 1989

Wallerstein, Immanuel: Aufstieg und künftiger Niedergang des kapitalistischen Weltsystems, in: Senghaas, Dieter (Hrsg.): Kapitalistische Weltökonomie. Kontroversen über ihren Ursprung und ihre Entwicklungsdynamik, Frankfurt a. M., Suhrkamp 1979, S. 31-67

Weizenbaum, Joseph: Die Macht der Computer und die Ohnmacht der Vernunft, Frankfurt a. M., Suhrkamp 1978

Weizenbaum, Joseph: Künstliche Intelligenz und die Endlösung der Menschenfrage, Klagenfurter Beiträge zur Technikdiskussion, 32, hgg. von Arno Bammé u.a., Klagenfurt 1990

Werlhof, Claudia von: Wenn die Bauern wiederkommen. Frauen, Arbeit und Agrobusiness in Venezuela, Bremen, Edition CON/periferia 1985

Werlhof, Claudia von: Was haben die Hühner mit dem Dollar zu tun? Frauen und Ökonomie, München, Frauenoffensive 1991a

Werlhof, Claudia von: Männliche Natur und künstliches Geschlecht. Texte zur Erkenntniskrise der Moderne, Wien, Frauenverlag 1991b

Werlhof, Claudia von: (Frauen)Politik gegen Frauenforschung. Sollen auch Frauen oder soll niemand herrschen? Der Konflikt um den „Frauenlehrstuhl" in Innsbruck, in Dies.: Mutter Los. Frauen im Patriarchat zwischen Angleichung und Dissidenz, München, Frauenoffensive 1996, S. 108-125

Werlhof, Claudia von: Capitalist Patriarchy and the Negation of Matriarchy. The Struggle for a „Deep Alternative", in: Vaughan, Genevieve (Ed.): Women and the Gift-Economy. A Radically Different World View is Possible. Toronto, Inanna 2007, S. 139-153

Werlhof, Claudia von: Sieben Jahre im freien Fall, Einleitung, in: Projektgruppe 2009a, S. 7-28

Werlhof, Claudia von: Das Patriarchat: „Befreiung" von Mutter (und) Natur? In: Projektgruppe 2009b, S. 59-103

Werlhof, Claudia von: Zu den Konflikten um den „Bielefelder Ansatz"/"Geschlecht und Arbeit". Zur Geschichte der Frauenforschung an der Universität Bielefeld, in: Dies.: Vom Diesseits der Utopie zum Jenseits der Gewalt. Feministisch-patriarchatskritische Analysen – Blicke in die Zukunft?, Freiburg, Centaurus 2010a, S. 46-69

Werlhof, Claudia von: Fortschrittsglaube am Ende? In Dies.: West-End. Das Scheitern der Moderne als „kapitalistisches Patriarchat" und die Logik der Alternativen, Köln, PapyRossa 2010b, S. 88-129

Werlhof, Claudia von: Die Globalisierung des Neoliberalismus, seine Folgen und einige Alternativen, in: dies.: West-End, 2010c, S. 23-68

Werlhof, Claudia von: Kopf? Ab! Die GATS-Guillotine, in: Dies.: Über die Liebe zum Gras an der Autobahn. Analysen, Polemiken und Erfahrungen in der „Zeit des Bumerang", Rüsselsheim, Christel Göttert 2010d, S. 38-61

Werlhof, Claudia von: Gentechnik, moderne Alchemie und Faschismus. Von der „Ver-Un-Wertung" des Lebens zu seiner „höheren Neu-Schöpfung", in: Dies.: Vom Diesseits der Utopie zum Jenseits der Gewalt, Freiburg, Centaurus 2010e, S. 171-209

Werlhof, Claudia von: Die Verkehrung. Das Projekt des Patriarchats und das Gender-Dilemma, Wien, Promedia 2011a

Werlhof, Claudia von: Die „Planetare Bewegung für Mutter Erde" – Warum es sie gibt und geben muss, in: Projektgruppe 2011b, S. 379-389; sowie Schluss: Theorie und Praxis der Zukunft – Perspektiven der „Planetaren Bewegung für Mutter Erde" und des „Forschungsinstituts für Patriarchatskritik und Alternative Zivilisationen", S. 391-396

Werlhof, Claudia von: Das Scheitern der Moderne als „Alchemistisches System" einer „Schöpfung aus Zerstörung" und die Konsequenzen, in: Projektgruppe 2011c, S. 81-101

Werlhof, Claudia von: The Failure of the „Modern World System", and the New Paradigm of the „Critical Theory of Patriarchy" – The „Civilization of Alchemists" as a „System of War" -, in: Babones, Salvatore/Chase Dunn; Christopher (Eds.): Routledge Handbook of World – Systems Analysis, London/New York, Routledge 2012, S. 172-180

Werlhof, Claudia von/**Bennholdt-Thomsen**, Veronika/**Mies**, Maria: Frauen, die letzte Kolonie, Reinbek, Rowohlt 1983 (zuletzt Zürich, Rotpunkt 1992)

Werlhof Claudia von u.a.: Die Diskriminierung der Matriarchatsforschung. Eine moderne Hexenjagd, Bern, Amalia 2003

Wittenborn, Dirk: Unter Wilden (Roman), Köln, DuMont 2003

Wolf, Doris: Was war vor den Pharaonen? Die Entdeckung der Urmütter Ägyptens, Zürich, Kreuz 1994

Wolf, Maria: Eugenische Vernunft. Eingriffe in die reproduktive Kultur durch die Medizin 1900-2000, Wien, Böhlau 2008

Titelliste der CD

CD Gesamtlänge: 74:16 Minuten